Padroneggiare la drammaturgia: creare un'opera di successo

Impronta

Titolo del libro: Padroneggiare la drammaturgia: creare un'opera di successo
Autore: Natasha Tillett Slayton

© 2024, Natasha Tillett Slayton
Tutti i diritti riservati.

Autore: Natasha Tillett Slayton
Contatto: wakdeamay@gmail.com

Padroneggiare la drammaturgia: creare un'opera di successo

Scritto da
Natasha Tillett Slayton

India
2024

CONTENUTI

Sei qui perché vuoi scrivere opere teatrali? È grandioso; Applaudo il tuo desiderio. Una volta che ne avremo discusso ulteriormente di persona e avrete iniziato a scrivere insieme le opere teatrali tratte dai nostri libri, forse potremo discutere se acquistare questo libro sia stata davvero la scelta corretta.

Come suggerisce il titolo di questo libro, presumo che tu voglia imparare da me come creare un'opera teatrale di successo; purtroppo, però, è una cosa che non posso offrirvi in questo momento. Sfortunatamente per te, però, ciò significa che non ho idea di come dovrebbe funzionare; quindi sollevo un'altra domanda: "Cosa costituisce un'opera teatrale di successo?" Quindi sentiti libero di usare del nastro adesivo nero e attaccare la parola "Successo" sulla copertina - la nostra comprensione collettiva determinerà se rimuoveremo o cambieremo questa etichetta ad un certo punto lungo il viaggio di questo libro - iniziamo a cercare.

Ti stai chiedendo perché ho scritto questo libro sulla drammaturgia? E perché ho affermato di poter insegnare come scrivere una sceneggiatura? Potresti chiederti perché ho scritto un libro come questo su come scrivere una sceneggiatura, perché credo di poter offrire assistenza?

Ebbene, scrivo opere teatrali da quasi 20 anni e recentemente ho completato la mia 48esima opera in più atti. Alle prime teatrali sento spesso domande da parte degli attori riguardo alla scrittura: "Come fai? Anche a me piacerebbe scrivere, non puoi darmi qualche consiglio su come farlo?"

Quindi ho scritto questo libro. Per dirti come lo faccio. Questo era tutto. Purtroppo non so esattamente quante rappresentazioni delle mie opere ci siano state; ad un certo punto ho rinunciato a provarci. Ma più di 1.000 si sono riuniti. Poiché il pubblico e i palcoscenici devono trovare le mie opere piacevoli da mettere in scena, questo mi permette di spiegare ai lettori esattamente cosa mi serve per scrivere opere teatrali: scrivere opere teatrali!

Se vuoi imparare a scrivere opere teatrali in modo divertente e professionale, o hai bisogno di supporto mentre lo fai, ti consiglio vivamente di unirti a gruppi di lavoro o seminari. I corsi di formazione per adulti a volte forniscono anche questi. Uno di questi gruppi di lavoro per drammaturghi basso-tedeschi - come ad esempio il gruppo di Verden per drammaturghi basso-tedeschi - potrebbe essere di particolare aiuto qui - ma non lasciatevi scoraggiare dal nome "Basso tedesco". Scrivendo opere teatrali in basso tedesco ci sforziamo di preservarlo, ma anche se non sai parlare o scrivere in

basso tedesco, non avrà importanza! Una volta finito di scrivere le opere teatrali con questo gruppo potresti anche trovare dei traduttori per tradurle in altre lingue/dialetti! I seminari del Gruppo di lavoro Verden si svolgono generalmente due volte l'anno e trattano argomenti specifici. A causa dell'adesione di nuovi arrivati, viene spesso offerto un breve corso base come introduzione alla scrittura teatrale; puoi trovare informazioni online su questa opzione e valutare se potrebbe valere la pena farlo o meno. Naturalmente potrebbero esserci ancora altre strade disponibili.
Esistono altri gruppi di lavoro e metodi per esplorare come viene scritta un'opera teatrale.

La tua mano non tiene il libro di testo di un drammaturgo esperto quando leggi questo libro; Sono solo qualcuno che è arrivato alla scrittura attraverso il teatro e da allora si è trovato scrittore prolifico. Tutto quello che posso offrire qui sono le mie esperienze, i miei consigli e i suggerimenti basati su di essi, nient'altro. Ricorda però che questo libro non fornisce regole da rispettare; piuttosto posso solo descrivere il mio approccio.

Se questo non ti bastasse e ti senti deluso da questo libro, allora forse questo libro non è quello che fa per te. Per favore accetta le mie scuse; magari scambiare o regalare; Spero che eventuali strisce adesive dalla copertina possano essere rimosse senza danneggiarle, altrimenti la sostituzione risulterà difficile. Tuttavia, se desideri sapere come Helmut Schmidt scrive le opere teatrali, questa esperienza sarebbe gradita tanto quanto qualsiasi altra.
Vorrei iniziare dicendo questo di me: so per certo che sfido tutte le regole della scrittura! Nessuna legge detta il modo in cui uno scrittore deve scrivere; tuttavia, esistono linee guida a cui attenersi durante la creazione di materiale per la pubblicazione. Consigliando (e uso la parola intenzionalmente), scrivere un'opera teatrale dovrebbe procedere in questo modo: hai già in mente la trama (espressione usata per definire connessioni causali da un corso immaginario di eventi a un finale atteso), quindi creando una qualche forma di pianificazione a mano sarebbe l'ideale. Ciò significa: una volta che conosci la trama generale, scrivi esattamente cosa succede in ogni atto e scena fino alla fine. Una volta raggiunta questa fase, la scrittura può iniziare sul serio sia su un quaderno che su un computer. La maggior parte degli editori consiglia ai drammaturghi di adottare questo approccio quando scrivono opere teatrali; e la maggior parte dei drammaturghi certamente segue questa strada quando inizia a scrivere i propri pezzi. Detto questo, lo faccio diversamente: ho solo un'idea e inizio a scrivere.

Il mio processo di scrittura non segue un programma rigido e un'esposizione. Invece, penso a quali personaggi scegliere prima di creare uno schema nella mia testa di ciò che potrebbe accadere, quindi inizio a scrivere l'intera commedia direttamente sul mio taccuino. Sfortunatamente non so mai esattamente come andrà avanti o finirà il pezzo; le mie opere teatrali prendono forma solo scrivendole - in molti casi tutto quello che so all'inizio è il titolo! Quindi, se ti piace il mio approccio alla scrittura, potremmo essere ottimi partner!

Oh, ancora una cosa: quando si tratta di scrivere per gruppi teatrali, la mia attenzione tende a essere rivolta alle produzioni amatoriali piuttosto che ai palcoscenici professionali, cosa che gli editori spesso mi ricordano. Quindi eccoti qui. Scrivere esclusivamente per stage professionali mi dà la possibilità di essere più flessibile sotto alcuni aspetti; Potrei incorporare più set e costumi. Ma che senso avrebbe offrire il mio lavoro solo a pochi teatri selezionati e disinteressati? Potrebbero volerci anni, forse non verrebbero mai rappresentati su palcoscenici amatoriali perché lo sforzo che richiederebbe sicuramente supererebbe le loro capacità. Non ha più senso scrivere pezzi che possano essere implementati in modo semplice e giocoso da attori dilettanti pur rispettando i requisiti di qualità e livello scenico professionale? Credo di sì ed è per questo che quando scrivo considero principalmente i gruppi laici. Ogni gruppo ha bisogno di uno spettacolo ogni anno. Festeggiamo insieme alcuni classici che ammiro particolarmente; questi rimarranno senza dubbio i miei preferiti per molti anni a venire! "Mio marito va al mare" e "Il gentiluomo ammobiliato" sono grandi classici del teatro; tuttavia, le opere moderne (come "Mio marito va al mare" o "Il gentiluomo ammobiliato") possono avere maggiore rilevanza. E per i gruppi teatrali che rappresentano le loro opere in basso tedesco è particolarmente importante che raggiungano il pubblico giovane; ciò potrebbe non accadere con opere ambientate tra gli anni '50 e '70.
Ora è il momento opportuno per me per introdurre la storia del teatro e iniziare delineando le sue caratteristiche fondamentali come affermato da Aristotele: la caratteristica principale del dramma è essere la presentazione dell'azione guidata dal dialogo, differenziandolo dall'epica narrativa. Potrebbero essere scritti interi libri su questo argomento, ma suggerisco invece di ascoltare seminari o visitare fonti online per scoprirne le radici.

Sei ancora aperto alla collaborazione? Lo accolgo con favore. Percorriamo insieme questa strada che porta alla realizzazione del nostro primo spettacolo, che potrebbe anche avere successo! Non vedo l'ora di aiutare. Sono felice.

Dal 1984 al 1991, a circa 25 chilometri da casa dei miei genitori, lavoravo come disc jockey in una discoteca, una di quelle piccole discoteche di paese che oggi non esistono più. Lì ho suonato singoli dischi di C.C. Richards così come brani scritti appositamente per questa discoteca da altri compositori come Johnny Stein (che purtroppo oggi non esistono più). Quella sera dagli altoparlanti suonavano Catch, Modern Talking, U2 e Queen, mentre io ero uno dei DJ responsabili di fornire informazioni agli ospiti attraverso il mio microfono su ogni artista o canzone mentre suonavamo ogni traccia e li entusiasmavamo! Ballare è stato molto divertente; chi balla molto ha bisogno di qualcosa da bere; tattica commerciale intelligente! Ogni sera mi è stato permesso di esaudire le richieste musicali di giovani donne come Edeltraud Trey che ha sempre voluto "Touch by Touch" dei Joy come melodia preferita. È qui che Edeltraud Trey è entrata nella mia vita! A un certo punto Edeltraud mi disse che avrebbe partecipato a teatro con un gruppo amatoriale e che presto ci sarebbe stata la loro prima. Ho assistito e ho apprezzato molto la loro esibizione; quasi un anno dopo gli Edeltraud mi disse che uno dei loro membri se n'era andato e che volevano disperatamente riunirsi il prima possibile.

Poiché Edeltraud voleva qualcuno "più giovane", ho deciso di unirmi al gruppo teatrale Stapelmoor nel Rheiderland e di interpretare il giovane amante di Edeltraud, recitando sempre bene la mia parte e godendomi moltissimo lo spettacolo teatrale! Dopo il secondo anno, però, ho notato che molti dei pezzi selezionati da Spolbaas non erano molto moderni e ho iniziato ad esplorare altri gruppi teatrali e le opere che stavano rappresentando. Tra i 20 gruppi teatrali che operavano intorno a Leer, molti rappresentavano spettacoli tradizionali o addirittura classici in stile anni '50. A quel tempo io e i miei amici suonavamo in basso tedesco; già allora era chiaro che questa lingua doveva essere maggiormente promossa negli asili e nelle scuole, perché sempre più bambini ascoltavano dai genitori solo il tedesco standard. Mentre riflettevo su come promuovere al meglio il basso tedesco nei gruppi teatrali amatoriali, mi resi conto che semplicemente eseguire vecchi pezzi degli anni '50 e '60 non avrebbe funzionato. Il teatro dovrebbe esistere anche oggi se vuole restare attuale. Una preoccupazione particolare era attirare i giovani verso il teatro e il basso tedesco. Ho provato "Funfair in 't Dorp" con il mio gruppo teatrale nel 1989, con diversi momenti divertenti ma per il resto è solo un'altra commedia contadina degli anni '60. Nell'estate dello stesso anno ho iniziato a usare una macchina da scrivere Olympia e ho provato a scrivere la mia opera teatrale. Anche se all'epoca avevo solo un'esperienza di gioco

minima, il mio obiettivo era scrivere come primo lavoro qualcosa sull'avvicinarsi delle nozze d'argento. Vuole una grande festa: lui è disoccupato da diverse settimane ma esce di casa ogni mattina, nascondendo il suo destino alla moglie per non rovinare la sua gioia per questo emozionante traguardo. La mia trama ruotava attorno alla ricerca di modi per pagare questa celebrazione; da qui la creazione dell'opera in tre atti "Two Boys Too Many". Alla fine dell'estate del 1989 il mio lavoro fu completato nonostante inizialmente mi sentissi in imbarazzo; grazie al sostegno di Edeltraud è stata rappresentata più volte con grande successo.
Diedrich Wessels era il nostro direttore del gioco. Ha detto che era troppo lungo e doveva essere ridotto in modo significativo; Ci ho lavorato sopra con lui e l'abbiamo presentato in anteprima con il nostro gruppo teatrale a Stapelmoor nel febbraio 1990 - quasi sempre suonando davanti a un pubblico tutto esaurito? Ritieni che sia un'opera riuscita?

In che modo il 2018 è stato diverso dagli anni precedenti? Non ci credo; è una risposta del tutto normale quando le persone vengono a sapere di un membro di un gruppo teatrale amatoriale che scrive il loro primo lavoro e le persone diventano curiose di vederlo - questo non riflette il successo ma ha comunque buone recensioni. Poiché scrivevo la commedia pensando alla risata, ma senza essere troppo "piatto", sono arrivate rapidamente richieste da vari palcoscenici che volevano sapere dove si potesse vedere questo pezzo; costringendomi così a trovare editori. Poiché sapevo che il nostro gruppo teatrale acquistava opere teatrali da Karl Mahnke a Verden - ancora oggi l'editore leader in Germania per quanto riguarda le opere teatrali in basso tedesco e dove vengono pubblicati molti classici famosi - ho presentato il mio lavoro sperando che venisse accettato lì. Ma dopo che furono trascorse alcune settimane, il mio manoscritto mi fu restituito e fui informato che non poteva essere pubblicato così com'è e che era necessario che venisse effettuato un lavoro su di esso prima che potesse avvenire la pubblicazione. Inoltre, sono stato invitato a visitare il gruppo di lavoro di Verden, cosa che mi ha lasciato indignato; avendo interpretato il ruolo principale in un'incredibile commedia diverse settimane prima che aveva ricevuto standing ovation, non aveva senso il motivo per cui queste stesse persone mi scrivono lettere dicendo che il mio lavoro non era abbastanza buono quando non l'avevano nemmeno visto loro stessi!

Oggi posso riderci sopra; ma credimi sulla parola: lo stesso può succedere a te. Dopo che il mio lavoro iniziale è stato accettato per la pubblicazione, sono entrato a far parte del gruppo di lavoro di Dieter Jorschick - non mi pento di aver ricevuto l'insegnamento lì perché ciò che è stato insegnato ha avuto un'enorme influenza sulla qualità e sul livello dei miei lavori successivi, con i quali spesso non eravamo d'accordo (a volte in modo molto forte!) Essendo uno che non si lasciava intimidire facilmente, non volevo nemmeno aspettare dopo aver finito il mio pezzo per modificare o cambiare qualcosa - invece ero impetuoso nel prendere decisioni e volevo che il mio lavoro fosse pubblicato immediatamente dopo la pubblicazione del primo lavoro. finito - qualcosa che Dieter Jorschick ha reso possibile con la sua pazienza, ma a volte sgradevole (però). Ribelle come sempre, quando è arrivato il momento di modificare o alterare qualcosa (anche un effetto di impatto significativo nel migliorare i lavori successivi di cui abbiamo discusso durante il gruppo di lavoro). Dieter Jorschick ci ha insegnato un valore inestimabile in queste materie! (anche se spesso non eravamo d'accordo!) Anche se a volte sono testardo e testardo a modificare dopo! Ma dopo averlo finito è stato decisamente pubblicato immediatamente senza bisogno di modifiche dopo aver scritto qualcosa di nuovo così velocemente dopo aver iniziato qualcosa così velocemente; ciò significava ovviamente rileggerlo prima di iniziare il processo di modifica (non importa...).

Dato che erano già arrivate richieste da vari gruppi, cosa avrei dovuto fare? Ho cercato un altro editore e lì ho registrato il mio saggio; anche se leggermente modificato anche per loro. Fatto ciò, la mia fiducia aumentò rapidamente; portandomi così a iniziare immediatamente il pezzo successivo; che alla fine mi ha portato a scriverne sempre di più! All'improvviso sono diventato uno scrittore estremamente prolifico - sì, alcuni editori la pensano diversamente, ma non per me; il mio lavoro non ha bisogno di una revisione intensiva quando produci più lavoro! Penso il contrario!

Bene, tutto è successo nel 1990 e ora ho appena rappresentato la mia 48esima commedia in più atti con questo titolo: Quattro mani per una mammella". - Come da sceneggiatura.

Il tempo scivola via...

Ma permettimi prima di chiederti perché vuoi scrivere un'opera teatrale. Mettendo da parte ogni discorso di successo a questo punto - non ci conosciamo e nulla del tuo background suggerirebbe che sarebbe adatto come autore - non farti prendere dal panico; scrivere non richiede un dottorato, una formazione specifica o un diploma, cosa che io di certo non possedevo (quindi partiamo entrambi dal punto di partenza!). Quindi chi potrebbe essere quello che stai cercando di essere?

Ecco alcuni esempi:

Sei un maschio sulla quarantina, lavori come agente immobiliare, sposato, con tre figli, giochi nella squadra maschile senior di calcio nel tempo libero e sei stato recentemente convinto da tua moglie a unirti a un gruppo teatrale amatoriale con cui è coinvolta da anni, che ti piacciono davvero e che ora ti emozionano ed emozionano così tanto che scrivere opere teatrali è diventato qualcosa che vuoi provare tu stesso? - Bene allora.

Immagina questo: sei una donna single sulla cinquantina o all'inizio degli anni in pensione che sperimenta un po' di noia a casa ma le piace andare a eventi teatrali di tanto in tanto e pensare: sicuramente posso fare quello che ha scritto questo autore? - Accettato.

I tuoi primi vent'anni sono pieni di incertezze su quale percorso professionale intraprendere. Sei un avido lettore con punti di forza in tedesco e nella scrittura di saggi scolastici? - Eccellente. Sei appassionato di teatro? - Fantastico.

Qualcuno degli esempi ti risuona? Non importa la tua età, il tipo di formazione o il motivo per cui vuoi scrivere, l'importante è che la tua scrittura venga dall'interno, sia che si tratti di interagire con il teatro e il suo argomento. E soprattutto: devi riservare abbastanza tempo per questo lavoro di drammaturgo - ho iniziato come lavoro part-time e continuo questa pratica oggi - questo approccio va assolutamente bene, assicurati solo di sfruttare ogni ora di veglia disponibile per scrivere!

Fondamentalmente, scrivere dovrebbe essere divertente per te – leggere è ancora meglio – così come andare a teatro. Essendo stato sul palco prima - anche su un palco amatoriale - e interpretando tu stesso alcuni ruoli - sei molto più preparato per diventare tu stesso un autore - qualcosa che io stesso ho fatto quando ho iniziato questa impresa.

Anche se non conosco le tue motivazioni per voler scrivere, potrebbe essere che una commedia ti abbia infastidito e tu voglia cambiarla? Forse hai assistito a uno spettacolo, magari su un palco affermato, dove non è riuscito a intrattenere? Oppure i membri del pubblico del tuo gruppo teatrale hanno notato produzioni migliori degli anni precedenti; o addirittura eri insoddisfatto sia della sua parte complessiva che del tuo ruolo. Quindi vuoi migliorarlo? Perché no? -

Stai scrivendo un'opera teatrale perché sarebbe divertente e porterebbe entrate aggiuntive come parte del tuo lavoro a tempo pieno? - Anche questo è fantastico. Qualunque sia la motivazione, ciò che conta davvero è che soddisfi un bisogno profondamente radicato dentro di te di scrivere qualcosa di drammatico! La cosa principale è semplicemente fare ciò che ha senso per TE, indipendentemente dalle motivazioni che stanno dietro al perché.

Sei ancora lì e sei pronto? (OK.). Detto questo, continuiamo. Molti credono che la scrittura sia qualcosa di ereditato; le persone con abilità di scrittura non lo imparano solo attraverso gli studi accademici: deve esserci qualcosa di genetico nel loro talento che emerge; qualcuno ha bisogno di un'inclinazione in sé per qualcosa del genere."

[Queste persone] tendono a pensare "Oh, se qualcuno sa scrivere, deve provenire da qualche parte nel profondo di se stesso - non puoi impararlo a meno che non ci sia già talento]. Ma non è necessario che ciò sia vero; tutti possono impararlo se ricevono abbastanza supporto. [Queste persone spesso credono] [...] ma imparare è possibile!"

Le sue persone tendono a pensare:

All'età di 10 anni in quinta elementare, mia madre scriveva spesso i miei temi per la scuola con cui avevo difficoltà - i soliti come: "La mia esperienza di vacanza più bella" o "Il temporale", come dettato dagli insegnanti. Questi tipi di saggi narrativi sono stati difficili per me; mia madre eccelleva in questo; in 20 minuti ha completato per me dei bellissimi saggi che hanno ottenuto costantemente buoni voti a scuola - grazie mamma! Sfortunatamente il mio interesse per la scrittura è emerso solo più tardi, all'età di 25 anni.

Non esiste alcuna legge che stabilisca requisiti specifici per diventare un drammaturgo. Finché soddisfi alcuni o tutti i seguenti criteri, tuttavia, la tua carriera di drammaturgo dovrebbe procedere senza intoppi:

Sei una persona a cui piace socializzare, sia parlare con gli altri che ascoltare?

Ti piace tenerti informato sugli avvenimenti mondiali e locali, leggere giornali e romanzi, assistere a teatro, cinema, opera e concerti, nonché eventi culturali come conferenze?

Sei una persona a cui piace guardare film in televisione, oltre a vari talk show, reportage e serie TV di tanto in tanto? Si può prevedere a metà come finirà un film?

Puoi rispondere sì ad uno o a tutti questi punti? Bene, allora cosa stiamo aspettando?

Naturalmente, potresti comprare un blocco e una matita e iniziare a scrivere, ma oggi nessun editore accetterà un manoscritto scritto a mano come materiale per la presentazione. La scrittura potrebbe non essere più possibile nella nostra epoca moderna senza computer, supporti di memorizzazione e programmi di elaborazione testi come Word. Consiglio vivamente di utilizzare "Word" per i progetti di drammaturgia che verranno pubblicati. Software di acquisizione e modifica del testo di Microsoft; Anche gli editori spesso fanno affidamento su di esso. Per prestazioni ottimali, i rivenditori specializzati offrono la versione più recente. Anche se l'acquisto di questo programma costa circa 100 euro, i suoi vantaggi non si fermano semplicemente all'immissione di testo su un computer; anche gli utenti di notebook ne traggono vantaggio. Anni di lavoro esclusivamente su notebook mi hanno dato il vantaggio della flessibilità; Posso portarli con me ovunque e utilizzare il dispositivo quando necessario. Sia l'hardware (il notebook) che il software (Word) sono ora pronti e in attesa di catturare qualsiasi idea si presenti. Se questo processo è troppo veloce per i tuoi gusti e preferisci lavorare senza computer, se questo approccio ti sembra troppo veloce, allora anche iniziare a usare blocco e matita potrebbe funzionare; in futuro potrai sempre portare con te un piccolo libretto e una penna per prendere appunti quando necessario; ma il tuo lavoro finale deve essere inserito in un computer; quindi sarebbe più saggio abituarti ad usarne uno fin dal primo giorno.

Inizia trovando lo spazio ideale in cui scrivere. Alcuni autori insistono sul fatto che deve essere una stanza vuota con la tua scrivania al suo posto: chiudi semplicemente la porta dietro di te, metti da parte tutto ciò che ti circonda e inizia a scrivere con totale concentrazione!
Ebbene, se alcuni autori scrivono così, non c'è niente di male; ma suggerire che la scrittura possa avvenire solo in questo modo è una totale assurdità.
Trova uno spazio che parli di te e non permettere a nessun altro di dettare dove o come dovrebbe apparire. Penso che avere molta illuminazione e un ambiente invitante siano particolarmente essenziali. Sicuramente ho un ufficio con una scrivania; tuttavia, mi piace anche scrivere nel mio salotto, sdraiato sul divano con il taccuino appoggiato sulle cosce e in attesa che arrivi l'ispirazione. Non c'è nemmeno bisogno del silenzio assoluto; la bella musica aiuta la mia concentrazione! Lo stile di scrittura di Chris de Burgh è uno di quelli che apprezzo particolarmente quando scrivo all'aperto con il bel tempo: mi piace sedermi fuori sulla terrazza o sulla panchina del parco e scrivere anche durante i lunghi viaggi in treno! Anche sui voli scrivo spesso. Ci sono persino autori a

cui piace sedersi al bar con il loro taccuino e scrivere davanti ad altre persone; se questo approccio ti parla, esploralo! Tutto è possibile.

Per quanto riguarda la scrittura, la posizione dipende interamente da te; trova un posto comodo dove ti senti più rilassato ma assicurati che altre persone non interrompano o disturbino troppo spesso; questo dovrebbe consentirti di concentrarti. Se hai dei familiari, informali in anticipo che desideri del tempo ininterrotto per scrivere. Ora del giorno per scrivere

Non appena ti senti pronto e motivato a scrivere, fai il grande passo! Quando il tuo umore si è inasprito o ti senti giù di morale, magari perché è morta una persona importante, non scrivere. Aspetta un giorno o due affinché il tuo umore migliori prima di ricominciare a scrivere. Se qualcosa ti ha turbato profondamente, come la perdita di uno dei tuoi amici più cari, scrivere può spesso portare conforto.

Se una persona cara è morta o stai vivendo qualcosa di più significativo che ti dà fastidio, scrivere è probabilmente impossibile: questo processo potrebbe richiedere anche settimane o mesi! Non preoccuparti nemmeno di provarci!

Non forzarti a scrivere solo per distrarti dal cattivo umore, perché non funziona. Per non parlare di pensarla come una tale opzione!

Non esistono regole fisse riguardo al tempo per cui gli scrittori dovrebbero scrivere, ma una o due ore alla volta (corrispondenti a circa 1000 parole) dovrebbero essere sufficienti per un lavoro produttivo. Evita di scrivere solo una volta al mese, altrimenti diventerà molto difficile ritrovare il tuo thread: vivi invece il tuo lavoro. Pensa e discuti con gli altri il tuo pezzo quando non stai digitando; alcune idee per il suo ulteriore sviluppo spesso nascono anche senza digitare nulla! Essere consapevoli di ciò che è già stato scritto finora e anticipare ciò che potrebbe accadere dopo (scena, atto). Sentiti libero di fare delle pause, anche per più giorni, quando preferisci! Anche nelle pause siete i benvenuti: sentitevi liberi anche per giorni interi!

Una volta i drammaturghi mi hanno raccontato che ci vogliono due anni per scrivere un'opera teatrale: in genere scrivono 20 pagine prima di metterla da parte per tre mesi e tornare tre mesi dopo per lavorarci ulteriormente. Quando finalmente viene finito nella sua versione approssimativa, dopo che sono trascorsi diversi mesi, lo rielaborano ancora e ancora.

Immaginate la mia sorpresa nell'apprendere questa notizia; una soluzione del genere non mi passerebbe mai per la mente! Tuttavia, se la scrittura rimane la nostra passione comune, allora dimenticatela mentre la vita scorre rapidamente.

Abbiamo discusso tutto finora, quindi? Meraviglioso. - Allora mettiamoci al lavoro ora che è tutto pronto? Il tuo computer o notebook è attrezzato, o almeno un blocco e una penna, nonché uno spazio di lavoro ideale pronto? Adesso è il momento e il luogo opportuno per tutti noi. Proviamolo: per ora dovrebbe bastare.

I preparativi sono terminati e ora è il momento di concentrarsi sulla questione principale: la prima rappresentazione teatrale!

Il tuo gioco inizia con la sua idea di base. Tipicamente questo può essere descritto in una lunga frase che pone domande piuttosto che affermazioni; da qui i personaggi e la trama di solito si formano in modo organico - ad esempio:

"Immaginate questo: se un ginecologo diagnosticasse una donna di 45 anni incinta, ma lo stesso giorno sua figlia si presentasse con lo stesso cognome per un prelievo di sangue e qualcosa andasse storto, quale sarebbe il risultato?" (la ricetta per il successo) Come reagirà una delle famiglie più ricche della Germania quando le notizie suggeriscono che una cometa colpirà la Terra entro poche settimane e probabilmente metterà fine a tutta la vita sulla Terra? *(Pyramids of Time) Musical attualmente in fase di sviluppo

"Cosa accadrebbe se due uomini disoccupati iniziassero ad offrire un servizio di accompagnamento per donne?"*(Benvenuti a Chez Andre) "Due senzatetto hanno utilizzato come rifugio durante i mesi invernali una casa per le vacanze abbandonata su un'isola, ma questa casa viene venduta e una famiglia si trasferisce"*(Heideweg n. 11) Un chimico dilettante crea un siero destinato ad eliminare ogni traccia di odore di sudore e condurrà dei test su soggetti volontari." *(Il professore pazzo).

*Titoli dei miei pezzi ispirati da queste idee di base. mes Hai capito? Solitamente una sola frase è sufficiente per esprimere un'idea; scriverne uno può anche aiutare. Le idee possono arrivare a noi ovunque e in qualsiasi momento; per esempio, nel 1991, quando Renate e Stefan Brommelhaup si sposarono nella nostra sede di lavoro, mi raccontarono con mesi di anticipo tutti i loro intensi preparativi per il matrimonio - io partecipai alla loro cerimonia come osservatore seduto in chiesa e osservavo.

Conosci la risposta a questa domanda? Nello spettacolo, tutto ciò che potrebbe andare storto durante i preparativi del matrimonio e la cerimonia vera e propria, sì! Questo rende la commedia fantastica che il pubblico ama!

Penso che sia parte del motivo per cui questo pezzo viene eseguito così frequentemente; la maggior parte del pubblico ha assistito ad almeno un matrimonio nella propria famiglia; o il proprio, prima di guardare questo spettacolo. Rendere memorabile il tuo giorno più bello (a volte no!!) richiede una preparazione approfondita: anche in quel caso le cose potrebbero comunque andare storte, il che rende ancora più drammatico quando visto sul palco! E poiché nessuno vuole sperimentarlo in prima persona, il pubblico apprezza vedere tali rappresentazioni recitare davanti a loro sul palco!

Vorrei fornire un altro esempio di come funziona la drammaturgia. Se nella tua scrittura mancano momenti che diventano avvincenti o pieni di suspense dopo diverse pagine, allora il tuo pezzo non si qualifica come drammatico: l'opera non può funzionare senza conflitti e tensione!

Costruisci la banalità! Questo è un ottimo modo per imparare il teatro. Questo processo in due fasi funziona perfettamente! Fai attenzione!

Una giovane donna ad una fiera guarda una ruota panoramica vuota che gira lentamente attorno ad essa.

Trovi questo argomento e la sua drammaticità intriganti e avvincenti? Forse no; in tal caso, quali domande ti vengono in mente non appena immagini questa scena?

Qualcuno può spiegare perché la donna in questa foto è sola alla fiera? Stanno pensando di salire sulla ruota panoramica e godersi il giro? Le mie domande hanno quasi fatto il loro corso... Non voglio nemmeno saperne di più, visto che guardare una ruota panoramica vuota in una fiera può essere molto noioso - o hanno bisogno di risposte?!?!?

Quindi ora estendiamo la frase:

Una giovane donna ad una fiera sta osservando una ruota panoramica piena e rotante quando all'improvviso qualcuno cade a 30 metri da una delle sue gondole! Oh! Ora QUESTO è drammatico!

E poi arrivano le domande: perché quella persona è caduta dalla gondola? È stato un incidente o un omicidio? Chi c'era su questa gondola, compreso chi è la giovane donna con cui è seduta.... Vuoi un altro esempio che ti aiuti a familiarizzare con i momenti drammatici? - Sì grazie!

Le coppie giovani e felici vogliono sposarsi. Entrambi vogliono farlo "verginalmente".

Ebbene, al giorno d'oggi può sembrare non convenzionale, ma spetta a ciascun individuo decidere. Quali domande o domande nascono da questa frase? Forse una: perché entrambi gli individui desiderano ritardare il loro matrimonio? Estendiamo questo pensiero:

Poco prima della data del matrimonio, una giovane coppia infelice decide di sposarsi senza sapere di essere incinta - solo per scoprire che poco dopo la giovane donna è incinta! Inutile dire che ora ci sono più domande che risposte per tutti i soggetti coinvolti.

Per favore, prova a creare drammaturgia o un punto emozionante attraverso frasi come questa: funziona davvero! Inoltre, le tue idee potrebbero farsi strada nel tuo pezzo! Hai già un'idea su cosa dovrebbe riguardare il tuo primo pezzo?

Questo principio dovrebbe aiutarti a determinare se vuoi scrivere una commedia, un romanzo poliziesco, un'opera teatrale o un musical. Tieni inoltre presente se desideri scegliere o meno tra bozzetti, spettacoli in un atto e spettacoli in più atti e in quale lingua scrivere.

Allora ho iniziato subito con uno spettacolo in più atti e da allora mi sono concentrato esclusivamente sulle commedie. Ai fini di questo libro, discuteremo di commedie a figura intera. Dato che il tedesco standard è la lingua che raccomando (anche se il basso tedesco può funzionare se tradotto o lo ha fatto con l'alto tedesco pubblicando il tuo pezzo, l'editore di solito riceve anche i diritti per tradurre la tua opera teatrale o il tuo romanzo in altri dialetti come olandese, svizzero tedesco o altro). Dato che il basso tedesco potrebbe non essere qualcosa che tutte le persone parlano fluentemente, scriveremo invece il nostro pezzo usando il tedesco standard, anche se il basso tedesco potrebbe funzionare se è necessaria la prima bozza in basso tedesco poiché il basso tedesco può tradursi in alto tedesco prima di essere tradotto nuovamente prima di essere tradotto di nuovo prima di scrivere tutto in alto tedesco, a meno che non decidiamo di scrivere il nostro pezzo!

La tua idea iniziale per lo spettacolo non dovrebbe provenire da nessuna parte. Non commettere l'errore di scrivere di qualcuno che va in prigione per evasione fiscale e dice ai suoi parenti che si arruoleranno di nuovo nell'esercito, solo per poi far affondare la loro nave - né scrivere di un gruppo teatrale che mette in scena spettacoli teatrali con prove generali e prima. scene che si svolgono in un atto, con risultati divertenti.

Gli appassionati di teatro già riconoscono questi concetti: "Mio marito va al mare" e "Nient'altro che casino". Se scrivi qualcosa di simile a questi, potresti creare problemi con altri autori che ne rivendicano i diritti; quindi è meglio creare una tua idea per un pezzo e trovare il tuo pubblico invece di plagiare qualcosa che già esiste. Con migliaia di spettacoli teatrali già scritti, sono ancora possibili oggi? Quale argomento o idee potrebbero innescare qualcosa di nuovo nel 2008 e oltre?

Quale idea deve ancora essere utilizzata appieno?

Nessuno ti accuserebbe di essere completamente in errore se credi che tutti i temi fondamentali siano già stati esplorati. Questi potrebbero includere l'eredità, la vincita alla lotteria, la nascita di un figlio, la disoccupazione o il fallimento e altro ancora.

Tutti questi elementi esistono già, ma con la giusta combinazione emerge qualcosa di nuovo: un pezzo incomparabile. Questo è esattamente ciò che spetta a te ottenere.

Abbi una mente aperta e usa la tua immaginazione quando cerchi ispirazione; anche se la trama proviene da un'altra fonte, come un film o un romanzo, dovrebbe essere presa solo come ispirazione e non copiata direttamente sotto forma di dialogo per la pubblicazione come opera teatrale. Asseconda il tuo lato creativo e prova a inventare qualcosa tu stesso.

Ora troviamo un'idea per il tuo primo pezzo. Che ne pensi di questo: "Una donna di 70 anni che gestisce ancora un negozio all'angolo dovrebbe essere deportata dai suoi figli in una casa di riposo." Quali associazioni o domande ti vengono subito in mente in risposta? Chiudi prima il libro e pensa profondamente a questa affermazione prima di scrivere ciò che ti viene in mente, quindi leggi più avanti questa idea per vedere se si presentano domande simili a te stesso: ho rapidamente pensato a cinque di queste domande io stesso!

Perché i bambini cercano di deportare la madre?

Cosa ne sarà del negozio e cosa pensano di farne i suoi figli?
Come si comporta la madre? Progetti che sta facendo con gli altri, ecc.?
E infine come viene pagata la casa di riposo?

I miei pensieri corrispondevano ai tuoi? - Hai trovato l'argomento interessante? Lo spero: l'idea è mia, ma nessun autore ha ancora scritto un'opera teatrale al riguardo.
Non c'è molta confusione su cosa comprenda questo argomento. Certo, ci sono spettacoli teatrali che hanno come tema le case di cura e di riposo; uno è stato rappresentato proprio l'estate scorsa al Teatro Ohnsorg di Amburgo con il titolo "Atschuss mien Leeve", ma anche i classici li mettono in risalto; ma creiamo il nostro lavoro utilizzando le case di cura come sfondo piuttosto che come scenografie.
Come primo passo nello sviluppo del nostro pezzo, la prima cosa che dovremmo fare è identificare quando dovrebbe aver luogo. Qui hai completa libertà: scegli qualsiasi periodo di tempo da adesso fino agli anni '70 (i teatri amatoriali potrebbero trovarlo più impegnativo), anche se i costumi, la scenografia, la lingua e la valuta devono corrispondere di conseguenza se si interpreta uno spettacolo teatrale amatoriale di questo periodo - come ad esempio costumi e scenografie di quei decenni richiederanno particolare attenzione durante lo spettacolo. I teatri amatoriali tendono a lottare di più con questo rispetto ai palcoscenici professionali quando mettono in scena lo spettacolo stesso, ma alcuni lo fanno ancora spostandolo avanti di 20-30 anni - qualcosa che non accadrebbe mai in una produzione teatrale amatoriale! Quindi abbiamo concordato di iniziare il nostro lavoro comune a partire dal 2008: per te va bene? Sfortunatamente non posso offrire molto altro poiché la maggior parte dei miei pezzi sono ambientati tra allora e oggi poiché i miei pezzi generalmente non esistono nemmeno in quell'epoca!
Penso che sarebbe possibile presentare nuovamente questo lavoro senza apportare modifiche significative, a partire dal 2008 a causa della lentezza del cambiamento della Germania. Anche entro il 2015 dovrebbe essere ancora rilevante e potrebbe ancora

accadere – non credetemi sulla parola; stai solo certo che potrebbe accadere come previsto. Il mondo è in costante cambiamento; la tecnologia in particolare è un'incredibile forza evolutiva che a volte mi preoccupa; se compro un cellulare oggi, probabilmente diventerà obsoleto domani se non prima! Con le opere teatrali, tuttavia, è comune aspettarsi che rimangano giocabili per 10-20 anni senza modifiche - qualcosa che ho osservato con opere che ho scritto 10 anni fa e che sono sopravvissute quasi invariate nonostante il passaggio della nostra valuta dal marco tedesco (DM) all'euro. Il tuo pezzo potrà quindi continuare ad essere apprezzato dal pubblico per un bel po' di tempo!

Chi lo sa; forse tra 50 anni questo film diventerà un classico senza tempo!

Dovremmo ora occuparci della scenografia. Nel corso degli anni ho conosciuto numerosi gruppi teatrali amatoriali che si impegnavano molto nella scenografia; alcuni addirittura la vedono come un'opportunità per mostrare al pubblico qualcosa di speciale. Ma pochi gruppi scelgono volontariamente scenografie complesse. Inoltre, molte persone evitano di mostrare più scenografie; per alcuni gruppi ciò è addirittura impossibile; forse a un certo punto, quando si scrive una commedia, sarà necessario mostrare tutta l'azione utilizzando un solo set. L'ho sperimentato in prima persona e l'ho trovato abbastanza innocuo; alcuni teatri amatoriali lo fanno davvero bene. Sebbene gli ensemble professionali possano utilizzare palchi girevoli senza problemi, la nostra attenzione dovrebbe rimanere sui palchi amatoriali; quale teatro amatoriale ne ha già uno? Se vuoi che il tuo pezzo venga letto ampiamente ed eseguito spesso, evita set elaborati con più componenti. I gruppi teatrali hanno la flessibilità di cambiare rapidamente le scenografie mentre immagini completamente diverse potrebbero scoraggiarli, anche se il tuo pezzo è apprezzato dai gruppi teatrali.

Ora ti starai chiedendo che tipo di scenografia utilizzare. Le tue opzioni per crearlo sono vaste: il paradiso o l'inferno sono due buoni punti di partenza; per quest'ultima opzione richiedere e descrivere di conseguenza questa impostazione di fase. Prendi in considerazione luoghi come ristoranti, panetterie, giardini, chiese, campeggi o terrazze come possibili ambientazioni; in alternativa, anche sale d'attesa, bordelli, club house, stanze d'ospedale e cantieri edili sono opzioni adatte...
Come tutti sappiamo da film classici come "Gossip in the Stairwell" e "The Ammobiliato Gentiluomo", i corridoi possono creare ambientazioni eccellenti. Quando scrivi la tua storia e desideri che i tuoi personaggi siano ambientati in un luogo specifico, come lo spazio o la luna, qualsiasi set andrà bene. Ricorda che tutti gli attori devono essere visibili all'interno di questa scenografia!
Poiché è qui che si riunisce la maggior parte dei personaggi, gli autori di solito scelgono salotti o cucine come ambientazioni per le loro storie. Ciò è logico poiché il soggiorno e la cucina abitabile sono i punti focali degli appartamenti; rendendo così naturale e realistico il loro utilizzo come scenografie. I servizi igienici nelle case unifamiliari sembrerebbero ancora più inappropriati come scenografie; non c'è da stupirsi che non abbia più preso piede! - Nulla vieta tuttavia di utilizzare come scenografie servizi igienici di grandi dimensioni con più cabine e lavandini (ad es. bagni di hotel o ristoranti); Non ne ho mai visto uno prima, ma se questo ti dà fastidio non esitare: non mi dispiace affatto se ti dà fastidio, fammelo sapere!

Sei affascinato dalle diverse scenografie? - Sei interessato ad una scenografia straordinaria, o anche diversa per ogni atto del tuo pezzo? Va bene. Quindi forse un bordello per l'Atto I del tuo lavoro, poi il cantiere Atto II e lo spazio Atto III... Lo sconsiglio ma incoraggio la sperimentazione poiché ciò richiederebbe costruttori di palcoscenici professionisti che potrebbero ottenere ciò che chiedi - qualcosa che i gruppi amatoriali sono meno capaci di fare rispetto ai costruttori professionisti - ogni atto ha tre set unici che richiedono squadre di costruzione separate - quindi cosa ti farebbe emergere? - E molto probabilmente ne verrebbero fuori dei risultati... quindi cosa possono ottenere i gruppi amatoriali da scenografie multiple se non provare qualcosa del genere...? - I dilettanti evitano set complessi come questo!

Ora dobbiamo concordare una scenografia per la tua opera prima, ma quale dovremmo selezionare? Una possibilità potrebbe essere quella di concentrarci su una donna, i suoi figli e questo piccolo negozio come ambientazione. Dato che probabilmente interpreterà uno dei ruoli principali, idealmente questa ambientazione dovrebbe svolgersi dove questa persona trascorre spesso il suo tempo, ad esempio dove potrebbe essere allestito il tuo negozio, in quanto ciò potrebbe fungere da scenografia perfetta - tuttavia ti preghiamo di tenere presenti i seguenti fattori mente prima di fare questo:

Presentare un negozio completamente arredato richiede un lavoro considerevole per i gruppi; probabilmente ci saranno cibo e oggetti di scena necessari. Qualora la donna avesse bisogno di entrare in una casa di riposo (non sappiamo ancora se i suoi figli riusciranno o meno a farlo), cosa ne sarà dopo del negozio. A seconda degli sviluppi, probabilmente riaprirà come un'altra impresa.

La scenografia richiede tempo e impegno, quindi suggerisco di ambientare questo pezzo nella cucina-soggiorno di questa donna, con un passaggio indiretto che conduce direttamente a un negozio sullo sfondo. Sembra davvero carino e consente agli spettatori di immaginarlo anche se non lo vedranno direttamente. Siamo spiacenti, stiamo tornando alle cucine dove mangiare; ma questa soluzione sembra ideale qui. Sei d'accordo? Eccellente.

All'inizio di ogni opera teatrale, il suo autore deve descriverne la scenografia. Bisogna tenere presente non solo la scenografia ma anche gli ambienti non visibili al pubblico ma comunque significativi per ciò che sta accadendo; anche se non è necessario descriverli. Ogni scenografia ha bisogno di un'entrata e di un'uscita, in questo caso una porta. La posizione in cui verrà posizionata dipenderà dal tuo pezzo: se non ha importanza, scrivilo semplicemente nella descrizione. Immaginate la nostra scenografia in modo tale che il grande passaggio che conduce al negozio sia posizionato verso il fondo - contro la sua parete di fondo - in modo da essere rivolto lontano da ogni possibile distrazione dall'esterno. Alla sua destra c'è una porta che conduce direttamente all'esterno; mentre alla sua sinistra ce n'è un altro che immette in altre stanze. Cucina, Camera da letto e Bagno) Poiché il nostro protagonista non sarà sempre presente né in negozio, né in cucina, né fuori casa; quindi la porta di sinistra ha perfettamente senso come ingresso in altre parti della residenza del nostro protagonista. Quindi se ora abbiamo tre porte (o due porte e un passaggio), è necessario determinare se una finestra è ancora necessaria o auspicabile. Una finestra aggiunge sempre interesse visivo; ma se il suo scopo per il tuo pezzo non ha alcun significato (nessuno ha bisogno di guardare dentro o fuori, nessuna fuga dalla finestra, ecc.), fai semplicemente a meno o lascialo alla scenografia.

In base alle tue dimensioni e alle tue possibilità, la scenografia può essere gestita internamente da te. Se la scrittura o il processo creativo danno origine a un'idea per qualcosa di giocoso con le finestre o le loro cornici che sia anche parte integrante della scenografia, ciò è necessario; ma non forzare gli scenografi della compagnia teatrale con dettagli che non apportano nulla di sostanziale o necessario allo spettacolo; semplicemente perché rende la scrittura più creativa!
Considera quell'idea nella tua testa. Il mio suggerimento non richiede finestre; sono sufficienti due porte (destra e sinistra) con passaggio che riporta nel negozio.

Ora che sappiamo che i nostri obiettivi sono chiari, allestiamo la stanza. Si prega di fornire quanti più dettagli possibili, ma di lasciare abbastanza spazio di manovra affinché i gruppi possano creare la propria opera d'arte; e cerca di non includere dettagli non necessari per il pezzo. In qualità di direttore di gioco e costruttore di scene, se descrivi un divano grigio cenere come prominente in una stanza, vorrei sapere perché quel particolare colore è così importante per il tuo pezzo. Quindi lascia fuori qualcosa del genere solo perché è così che lo immagini, anche se non ha assolutamente alcuna rilevanza. Non appena la tua opera viene pubblicata e rappresentata, sarai sicuro di assistere a diverse produzioni, ciascuna delle quali differisce notevolmente anche negli elementi di scenografia. Prima di fare richieste, assicurati di considerare quei componenti che supportano e rafforzano il tuo pezzo come parte delle sue esigenze di progettazione scenica. I mobili dovrebbero corrispondere a ciascun personaggio. Dato che abbiamo scelto una signora anziana per la nostra commedia (chiamiamola Lady X per ora), presumo che sarà uno dei personaggi simpatici al suo interno. A 70 anni, potrebbe non andare particolarmente bene dal punto di vista finanziario, ma potrebbe comunque desiderare di gestire il negozio all'angolo come fonte di divertimento. Ma se è benvoluta sul posto di lavoro, allora la sua gestione del denaro sarà sicuramente gestita meglio - cosa che si ripercuote anche sulla nostra scenografia - che potrebbe certamente alterare il suo aspetto in modo diverso nel salotto di un ricco antipatico rispetto a quello di Lady X? - In questo momento vedo una cucina-soggiorno pulita e accogliente che non indica né ricchezza né povertà. Anche tu sei allo stesso modo? Ma se immaginiamo che i figli della regina X le portino via tutti i guadagni, costringendola a gestire il negozio anche in vecchiaia nonostante le difficoltà finanziarie, allora la situazione cambia completamente e la scenografia può sicuramente diventare più scarsa.

Fin dall'apertura della scena, la povertà della Madonna diventa evidente attraverso la scenografia - senza bisogno di dialogo - facendo una dichiarazione immediata senza bisogno del dialogo di nessuno dei nostri attori. Sfortunatamente, questo diventa più un dramma perché l'argomento sembra molto serio e drammatico... Pensavo che fossimo d'accordo sulla commedia - e questa seconda opzione per la scenografia non era proprio quella su cui eravamo d'accordo - spero che anche tu la pensi allo stesso modo.

Immagina questa stanza arredata e descrivila nel tuo pezzo. Le cucine-soggiorno contengono tipicamente posti a sedere, come una panca ad angolo o semplicemente un tavolo e sedie; visto che la nostra signora ha già 70 anni, una poltrona potrebbe avere più senso; MA: non esitare a giocare e a utilizzare oggetti di scena e mobili in modo creativo!

Se nel tuo pezzo è presente una scultura cinese, la sua presenza dovrebbe avere senso in termini di contesto. Se tra i criteri di descrizione sono elencati un lettore CD o un televisore, anche questi dovrebbero fornire un contributo ragionevole.

Ad un certo punto gli sforzi di un costruttore di scene richiederanno l'uso di dispositivi per la zavorra e lo sforzo. Quando questo accade in una scena di recitazione, scrivi che questa foto appartiene a quella scena, se ne appare una. Se un attore ne usa uno in una scena d'azione su un muro adiacente, annotalo anche tu! Se questa fotografia incorniciata dovesse diventare parte di un'altra scena, scrivi anche quella posizione come prova che questa particolare foto proviene da quella.

Per cominciare, le foto dovrebbero essere appese come parte del tuo gioco fin dall'inizio. Se un'immagine non fa parte del gioco, tuttavia, non sentirti limitato ad appenderla direttamente al muro; i piccoli oggetti carini che potresti trovare in cucina potrebbero funzionare altrettanto bene; la maggior parte dei costruttori di palcoscenici tende comunque a incorporare tali decorazioni.

Scenografie (Calendari, Fiori, Decorazioni di Tavoli e Armadi, ecc.) Sono stato chiaro? NO? Permettetemi di illustrare cosa potrebbe comportare la scenografia di questo pezzo:

Scenografia:

Questa scenografia raffigura la cucina-soggiorno della signora.... (Lady X). Sul retro, un'apertura conduce al loro negozio di alimentari - visibile da tutti i posti - con vari pacchetti di alimenti e bevande ivi disponibili, insegne pubblicitarie per detto negozio nonché insegne pubblicitarie che promuovono detto negozio di alimentari. Una tenda fatta di perline di legno o strisce di peluche impedisce a chiunque di vederla a meno che qualcuno non passi. C'è una porta che conduce all'esterno sia sul lato destro che su quello sinistro.

Lo spazio abitativo di Lady X è arredato in modo confortevole e semplice, dotato di divano, due poltrone (o panca ad angolo), tavolo, armadio e telefono; ci sono anche prese telefoniche e lettori CD nelle vicinanze, nonché tre fotografie alle pareti che raffigurano il marito defunto, il figlio e lei stessa (vedi figura a destra).
Nuora e nipote) con alcuni romanzi esposti su uno scaffale aperto attaccato al muro.
Se hai bisogno di più set per altre opere teatrali che stai scrivendo, dettaglia ogni singola scena individualmente: Atto 1:- Atto 2:ecc. Soddisfatto? - Ok, mentre riflettevo sulla scenografia mi sono reso conto che prima o poi avrei usato il telefono; la musica potrebbe anche aggiungere profondità. Per Lady X da leggere; le immagini sulle tue pareti simboleggiano il calore familiare che potrebbe avere un significato anche in questo pezzo; qui ho già pensato ai nostri personaggi che appariranno nei prossimi capitoli della nostra commedia!
Molti autori, me compreso, amano usare la seguente frase popolare alla fine delle descrizioni del palco: "Tutte le altre attrezzature sono lasciate al gruppo di gioco". Ciò consente agli scenografi una certa libertà e allo stesso tempo si aspettano che i gruppi teatrali mettano in scena cose che sembrano appropriate sulla base del gioco e del dialogo. La maggior parte dei gruppi teatrali amatoriali dedica molta cura e attenzione ai propri progetti; sfortunatamente non tutte le persone riescono a raggiungere questa impresa!
Ciò che abbiamo imparato ora è stato semplicemente delineare i requisiti stabiliti per questo pezzo.
Tuttavia, gli stessi principi si applicano a ogni scenografia di cui hai bisogno: descrivila in grande dettaglio lasciando comunque un po' di spazio libero sul palco. Una volta che le scenografie iniziano a salire e a prendere forma davanti a te, il tuo cuore potrebbe gonfiarsi; solo per poi vedere qualcosa che non va guardando indietro attraverso le foto scattate da questi set; questo accade troppo spesso!
I gruppi teatrali amatoriali, a prescindere da quanto accuratamente si delinea la loro scenografia, a volte dimenticano alcuni pezzi essenziali, anche dopo aver preso provvedimenti per includere tutto il necessario per il successo nella loro scenografia.
Quando si tratta di oggetti di scena che devono essere utilizzati solo una volta per atto,

come quelli necessari prima di ogni scena all'inizio di ogni atto. A volte questo significa perderli del tutto! Quando ciò accade, non dovrebbero essere inclusi come parte del set complessivo, ma prima di ogni scena.

A questo punto la progettazione della scenografia dovrebbe essere completata. Hai acquisito una comprensione sufficiente di quali scenografie possono e devono essere richieste ai vari gruppi come scenografia e cosa dovrebbe essere evitato del tutto.

Partendo dal presupposto che abbiamo già descritto un'idea e una scenografia, passiamo a uno dei capitoli più cruciali: personaggi o protagonisti. Una decisione chiave sarà quanti includerne; devo includere solo il mio numero ideale o devo considerare anche le mie capacità e considerare altri elementi che entrano in gioco nel processo decisionale? Fatto: il tuo pezzo può includere 20 o più attori senza infrangere alcuna regola; gli spettacoli messi in scena e rappresentati nei teatri all'aperto spesso presentano 30-50 attori contemporaneamente, soprattutto le produzioni storiche che di solito ne utilizzano anche di più. Adoro guardare cose del genere. C'è anche molto spazio all'esterno; un grande palco all'aperto potrebbe facilmente ospitare 50 artisti se necessario, ma per i nostri scopi concentriamoci su piccoli spazi o palchi che potrebbero ospitare anche grandi artisti. I gruppi teatrali amatoriali di solito richiedono solo un certo numero di attori attivi; il numero dipende interamente dalle tue idee e dalla trama: a volte dodici possono bastare; altre volte ne sono necessari solo quattro. Alle prime delle mie opere teatrali, i registi spesso richiedono più attori. Il nostro gruppo è composto da 15 membri attivi; sarebbe meraviglioso se tutti e 15 potessero partecipare." Nel frattempo, quando in un'altra città sento spesso: "Oh, per favore, scrivi più pezzi con meno musicisti in futuro; il nostro gruppo è composto solo da 6 persone e non tutti vogliono un ruolo".
"Beh, poiché è difficile accontentare ogni palco, ecco la mia raccomandazione: da 7 a 8 persone per pezzo per garantire facilità e accessibilità nella maggior parte dei palcoscenici. Tuttavia, potresti provare a scriverne uno con 6, 10 o 13 persone in alternativa ; ma in generale 7-8 è ottimale."
Ogni personaggio richiede un nome. Puoi dare a ciascuno di essi una propria identità distintiva; evita però di usare nomi di personaggi famosi, perché sembrerebbe sciocco che i tuoi protagonisti portino nomi come Helmut Kohl, Heidi Kabel o Veronica Ferres - questo potrebbe anche causare conflitti. Ma anche se i nomi dei tuoi personaggi non sono "famosi", assicurati che siano quelli appropriati. Se ad esempio potrebbe apparire un'azienda importante come Apple. Se A. è gestito da Hans e Beate Hansen, Ludger Memmen o Detlef Meyer come coniugi, allora sarebbe prudente non menzionarli direttamente nel tuo articolo. Ci sono persone che hanno poco interesse per il teatro, ma sentire o leggere il loro nome all'interno di un'opera sconosciuta potrebbe causare danni emotivi alla loro personalità. Se questa sfortunata coincidenza coinvolge due persone reali provenienti da una grande azienda o contesto simile; nessuno dovrebbe biasimarti!

I miei personaggi spesso prendono i nomi da un vecchio elenco telefonico. Ora ci sono anche le opzioni CD-ROM. Quando creo le mie storie a volte mescolo nomi e cognomi in modo creativo; sei tu a decidere come affrontare al meglio questa sfida.

Parliamo dei nomi dei nostri personaggi e del cast per la nostra commedia. Iniziando, la Regina X gioca un ruolo importante. Quale nome sarebbe più adatto a lei? - Forse Leni Kramer dal suo nome originale Helene sarebbe sufficiente, o che ne dici di Gerda Krupp o Johanna Muchal o Gesine Peters potrebbero adattarsi meglio a seconda del tuo gusto personale? Un'altra considerazione da tenere in considerazione quando si sceglie un nome appropriato è la loro età: ad esempio la Regina X dovrebbe avere circa 17-18 anni.

Almeno 70 anni fa nessuno avrebbe partorito. Un altro esempio: se la tua commedia coinvolge un pastore, i suoi figli potrebbero avere nomi come Simone, Giovanni, Maria o Ester - queste sottigliezze possono essere apprese rapidamente - fidati di me! A volte un nome può aiutare a definire chi è un personaggio; ciò potrebbe dipendere dalle preferenze personali; per una giovane donna simpatica preferisco Silvia, Helga o Heidi come nomi da considerare. Tendo ad associare nomi come Katharina, Elisabeth o Gertrud a personaggi inclini al conflitto sul palco, quindi quando leggo i loro nomi tendo a immaginare queste donne come le responsabili. Preferisco invece chiamare qualsiasi figura maschile che mi sembri un po' goffa Joachim Focko Gerd Heinrich o Kunibert. Sven, Jorg, Andre o Sebastian non sembrano i nomi appropriati per tali personaggi; non sei d'accordo? Ma come per ogni cosa, questa potrebbe essere solo un'opinione personale. *Se qualche lettore si identifica come Elisabeth o Gertrud e crede di essere persone adorabili, per favore perdona il mio commento come generalizzazione offensiva.

A proposito, presumo che la nostra signora X sia di origine tedesca - da qui il suo nome tedesco Helene Kramer (conosciuta da Leni).

Chi altro dovrebbe recitare nella nostra commedia? Il figlio e la nuora di Leni? Questo avevo in mente quando descrivevo la scenografia (foto sui muri). Se questo ti torna in mente, bene. Dato che Leni era già sposata, i loro cognomi probabilmente cambierebbero; forse Rudolf e Ina Pleiss? Perché dovremmo? Dato il nostro accordo sul fatto che Leni fosse vedova, questo sembra abbastanza appropriato per la storia. Finora abbiamo tre cifre; Leni, suo figlio e sua moglie. Se Leni si sposò quando aveva tra i 20 e i 30 anni, questo ci dà versioni di ciascuno di 40-50 anni. Entrambi hanno figli? Sarebbe accettabile se assumessimo il ruolo di trovare e assumere un individuo che abbia un rapporto eccezionale con sua nonna e che possa svolgere un ruolo integrante nei nostri coinvolgimenti di gruppo? Daniel Pleiss funzionerebbe? Bene.

Con una tale fascia d'età ci sarebbe sempre spazio per la crescita tra i gruppi, per tutti i soggetti coinvolti.

Personaggi nel pezzo. Si prega di richiedere informazioni specifiche sull'età solo se veramente necessario; ad esempio, potrei fare un esempio del tipo: "Il 75° compleanno". Idealmente, però, un attore dovrebbe prima rappresentare se stesso come un 74enne prima di interpretare quel personaggio sul palco. Il nostro pezzo è incentrato sulla realizzazione da parte di Leni dell'età pensionabile, e questo probabilmente emergerà nel suo dialogo. Pertanto, la sua età dovrebbe riflettere la realtà in modo più accurato rispetto a quella degli altri personaggi. Quindi per la nostra Leni il numero è pari a 70! I gruppi teatrali ora devono presentare un'attrice di 70 anni per questo ruolo, ma i truccatori sono in grado di trasformare le ventenni in donne anziane attraverso l'arte del trucco. Rendere qualcuno più giovane richiede uno sforzo maggiore; se discutere di un'età esatta diventa rilevante nel dialogo o viene chiesto esplicitamente per la sua importanza, assicurati di affermare questo fatto accuratamente nel dialogo o in altre forme di discussione.

Veniamo ora alle nostre cifre. Ora siamo in quattro: Leni, Rudolf, Ina e Daniel - ricordi la nostra idea di base? Immagina di nuovo questa scena con Leni nel suo negozio e cosa potrebbe succedere. Il conflitto esiste già nella nostra idea di base - nel caso te lo fosse sfuggito di mente... ecco un promemoria: una donna di 70 anni che gestisce un negozio all'angolo dovrebbe essere mandata dai suoi figli in una casa di riposo assistita."

Fondamentalmente, questa storia può essere divisa in "buoni ragazzi" e "cattivi ragazzi". Questa è una buona cosa perché altrimenti non ci sarebbe conflitto, il che renderebbe qualsiasi gioco banale e noioso. Abbiamo ancora bisogno di personaggi che sostengano la parte di Leni (ad esempio sua madre o suo padre). I personaggi con cui Leni può discutere della sua situazione sono importanti: a chi può rivolgersi, amici della sua stessa età con cui discutere dei progetti per il futuro dei suoi figli, magari anche uno che è vedovo... Hhm... Questo potrebbe rivelarsi piuttosto interessante ! Scegliamone due: Helga Willms e Trude Lehmann sono solo due nomi che mi sono venuti in mente - ora abbiamo già sei cifre; sono sufficienti? Personalmente preferirei due aggiuntivi solo per una maggiore complessità: fammi sapere i tuoi pensieri qui sotto nella sezione commenti qui sotto! credo di si
Suo figlio ha presentato Leni a una persona che potrebbe potenzialmente avvicinarsi, innamorarsi seriamente di Leni o semplicemente fungere da intermediario nel suo complotto contro Leni? Inoltre, che ne dici delle giovani donne come possibili corteggiatrici? - Daniel potrebbe incontrare questa giovane donna tramite amicizia o

interesse romantico; ma cosa succederebbe se anche il figlio di Leni, Daniele, avesse avuto una giovane amante? Tutto è possibile e ho intenzione di creare entrambi i personaggi; chiamiamo il signore Karl-Heinz Ahrens e la signorina Gabi Meyer! A questo punto, credo che abbiamo completato la nostra lista di personaggi. Sebbene potrebbero essere necessari ulteriori individui o eliminati i personaggi esistenti; dipenderà da come si evolve il pezzo. Mettiamo insieme la nostra lista completa, che dovrebbe apparire a pagina 4 del tuo manoscritto e potrebbe assomigliare a questa:
Giocatori: 5 donne/3 personaggi maschili

Helene Kramer (detta Leni) - vedova (70 anni). Rudolf Pleiss - Figlio di Rudolf dal suo primo matrimonio (40-50 anni). Ina Pleiss era la moglie di Rodolfo dal suo secondo matrimonio (circa 40-50 anni). Daniel Pleiss (entrambi i figli - 20-25 anni). Inoltre Helga Willms, l'amica intima di Leni, aveva circa 60 anni. Anche Trude Lehmann ha avuto un ruolo fondamentale. Karl-Heinz Arens era presente in tutto questo periodo (70 anni).
Gabi Meyer (20-25 anni).

Dato che la nostra commedia richiede cinque attori donne e tre uomini, questa combinazione dovrebbe rivelarsi versatile per l'uso su molti palcoscenici. Karl-Heinz e Gabi rimangono ancora ruoli aperti: il loro rapporto con Leni è ancora in fase di sviluppo mentre scriviamo. Quando ho selezionato gli amici di Leni ho optato per più età perché molti livelli non presentano tre giocatori che hanno già tutti 70 anni insieme, oltre a fornire dialoghi divertenti tra personaggi che hanno tutti prospettive distinte a causa della disparità di età.
Descrizione del carattere e dell'aspetto dei personaggi

Ora che sono stati scelti i protagonisti, potete prendervi il tempo per descrivere ciascun personaggio nella pagina seguente. Sebbene alcuni autori facciano questo passaggio esplicitamente, preferisco che il dialogo mi conduca direttamente allo sviluppo del personaggio, altrimenti il mio pezzo probabilmente non funzionerebbe così bene. I personaggi esistono esclusivamente nella tua testa. Il conflitto aggiunto presto crea diversi tipi di persone con tratti caratteriali distinti; allo stesso modo le descrizioni dei vestiti dovrebbero descrivere chi appare. L'abbigliamento dipende anche dal carattere. Se per te ha più senso visualizzare i tuoi personaggi a pagina 5, sentiti libero di farlo. Nella stessa pagina, sotto i loro nomi, scrivete l'ora di esecuzione, il luogo ed eventualmente la durata del pezzo: editori e gruppi apprezzano immensamente questo gesto! Potrebbe assomigliare a questo:

Tempo di gioco e luogo per questo spettacolo: Estate a Blumberg (piccolo villaggio da qualche parte in Germania).

Tempo di gioco: ca. 100 minuti senza pause

Il tempo di riproduzione del tuo pezzo dipende interamente da te; alcuni lavori si sono sviluppati anche attorno a festività specifiche come il Natale, la Pasqua o la Pentecoste; questo poi determina automaticamente la sua stagione. Naturalmente, se il tuo pezzo abbraccia più stagioni, anche le stagioni cambiano di conseguenza. Ad esempio: se l'Atto 1 della sua opera inizia a febbraio; la nascita del bambino avviene durante l'Atto 2, che si svolge in agosto o settembre; Questa informazione è essenziale, poiché gli attori probabilmente indosseranno abiti diversi rispettivamente durante l'inverno e agosto, e puoi aggiungere più dialoghi basati sul clima nel dialogo. Preferirei che la nostra commedia fosse ambientata esclusivamente in estate; Non so ancora la durata, ma non dovrebbero bastare più di 4-6 settimane, oppure un'estate.

Ambientazione: La mia ispirazione per questo pezzo con il suo affascinante piccolo negozio di alimentari viene da immagini di piccoli villaggi, sia urbani che rurali.

Il luogo in cui si svolge il tuo pezzo non ha molta importanza; ciò che conta è che il pubblico riconosca subito che questo piccolo luogo e la città più vicina distano solo chilometri. Preferisco creare nomi di luoghi fittizi; i luoghi reali raramente compaiono nel mio lavoro. Ad alcuni gruppi piace addirittura adattare l'azione al luogo in cui si svolge effettivamente la loro esibizione, se necessario; Non mi importa; la nostra sede a Blumberg sembra comunque un villaggio!

Il tempo di riproduzione dipende dalla lunghezza delle pagine. Ad esempio, scegliendo la dimensione del carattere tipografico 12 Times New Roman e DIN A5 come dimensioni della pagina si produrrebbe qualcosa di simile all'esempio di dialogo a pagina 61 di questo libro, tuttavia consiglio di inserire paragrafi tra i dialoghi per un maggiore impatto. Con questo formato 90 pagine di testo equivalgono a circa 90 minuti di pura riproduzione; consiglio: un brano ideale non dovrebbe superare i 120 minuti senza interruzioni - 90 è l'ideale.

I 100 minuti indicati nella descrizione non sono vincolanti e servono solo come esempio.

Ciò che dovrebbe essere incluso nelle prime pagine è uno schema dei tuoi contenuti, ma potrebbe non essere ancora possibile perché non sappiamo ancora tutto; almeno non io! Ma se lo sai, ti faccio i complimenti e ti incoraggio a scrivere tutto immediatamente.

I programmi di elaborazione testi ci danno il potere di aggiungere ed eliminare testo a piacimento e di modificare il layout in qualsiasi momento, proprio come fanno gli editori prima di stampare il manoscritto. Suggerisco di impostare almeno adesso le pagine per il tuo pezzo; alcuni editori utilizzano il formato DIN A4, mentre altri preferiscono il formato DIN A5. Alla fine dipende da te quale formato funziona inizialmente per il tuo pezzo: puoi sempre cambiare formato in seguito!
Supponendo che tu voglia un cambiamento, imposta le pagine con DIN A5, iniziando da pagina 5. In quella pagina inizi a scrivere il primo atto; le pagine di copertina 2-4 contengono titoli/autori/contenuti/interpreti e dettagli sulla scenografia; tutto ciò che serve veramente per impostare le pagine è un tabulatore con i nomi dei personaggi sul bordo sinistro e i dialoghi tabulati in modo che sia più facile da imparare per gli attori - in questo modo:

Beatrice: Paula, prendi una prospettiva diversa: sei single e hai bisogno di qualche tipo di sostegno - a 55 anni, questo significa vivere con un solo reddito...

Paula: Grazie per avermi ricordato la mia vita straordinaria!

Beatrice: Perché prendersi una vacanza, quando tutto ciò che farà è fornire una tregua temporanea a Merseburg e non hai alcun talento nella scelta dei regali di Natale?

Paola: Aspetta! I figli di mia sorella Gertrud ogni anno aspettano con impazienza i regali di zia Paula; cioè tre di loro di 12, 15 e 21 anni - so quali sono le richieste dei giovani in termini di regali (mangia di nuovo). (Paula deve fare una pausa)

Beatrice: I regali di Natale quest'anno potrebbero essere più piccoli.

Paula: Sì, esattamente il 50% più piccolo. - Ti importa cosa ci stanno facendo qui?! Perché ti comporti sempre così - PIANOFORTE?

Beatrice: Perché non ha senso arrabbiarsi per cose che noi cittadini medi non possiamo influenzare. Ad esempio, l'economia tedesca si trova ad affrontare una forte concorrenza, mentre altre nazioni europee possono produrre cioccolato in modo più efficiente in termini di costi: è così che funzionano le cose.

Paula: Ciao... posso avere il tuo punto di vista su questo incontro di tutti i dipendenti dell'azienda...? Paolo:

Hai completato questo passaggio? Grande. Ora scegli un carattere tipografico facilmente leggibile; Times New Roman e Arial sono opzioni popolari. Se tutto ciò causa problemi e sei nuovo a WORD o hai bisogno di ulteriori istruzioni da parte mia, posso solo offrirti una guida di base; il mio libro non fornirebbe spiegazioni approfondite su come utilizzare un programma di elaborazione testi come Word. Quindi l'opzione migliore potrebbe essere quella di chiedere a qualcuno esperto di insegnarti le basi o di seguire un corso in WORD.

A pagina 5, stai scrivendo "ATTO PER PRIMO. Gli atti in 3 atti sono estremamente popolari tra i gruppi teatrali e io stesso preferisco scrivere opere teatrali in questa forma. Il numero di atti dipende fortemente da quanto spesso o se il tuo lavoro richiede tempo. saltando; poiché questo sarà probabilmente il tuo sforzo iniziale, probabilmente avrebbe più senso iniziare con un film in 3 atti. Prima vengono le descrizioni di come si forma la prima scena quando si apre il sipario: entrano i personaggi o non c'è nessuno eppure e sentiamo solo rumore? In "Benvenuti a Chez Andre", scritto insieme a Christoph Bredau, sembra tutto più o meno così:

Primo atto. (Quando si apre il sipario, Andre e Frank sono seduti attorno a un tavolo e leggono un'edizione di un quotidiano, con l'aria un po' abbattuta. C'è un cellulare sul tavolo; è martedì pomeriggio con oggetti sparsi qua e là come vestiti, giornali, bottiglie vuote e confezioni alimentari).
Non esagerare, ma immagina due persone vestite in modo trasandato (magliette o camicie aperte senza bottoni, jeans con crepe e scarpe da ginnastica consumate, scarpe da ginnastica vecchie). Non sembrano molto ordinati. Sembra che abbiano scarpe miste. Non appaiono molto ordinati nemmeno tra loro - non del tutto ordinati ma nemmeno sporchi - quando camminano l'uno verso l'altro in modo "maleducato").

Quindi devi fornire dettagli su chi è presente, cosa stanno facendo e quali oggetti di scena potrebbero essere ancora necessari in una scena. Descrivere gli abiti degli attori così come l'umore/comportamento/ora del giorno può aiutare a creare l'impressione che lo spettatore ha di tutto ciò che vede in una volta: l'intera scenografia più la prima scena - informalo immediatamente senza bisogno del dialogo degli attori stessi!
Cosa penserei se descrivessi l'inizio di "Welcome to Chez Andre" come ho fatto prima in soli 10-20 secondi come spettatore?

Riesco a immaginare due uomini, nessuno dei due vestiti in modo molto ordinato, che leggono insieme i giornali seduti a un tavolo apparendo annoiati e seduti lì a leggerli entrambi apparendo piuttosto annoiati: un'intesa istantanea per qualsiasi spettatore! Questa scena dovrebbe essere chiara a tutti, vero?

Non appena il tuo pubblico inizia a pensare, il tuo pezzo inizia il suo primo dialogo. Non c'è bisogno di lunghe prefazioni e introduzioni; partire direttamente da questa situazione iniziale. Come spettatore, posso già dire che qualcosa non va tra i due personaggi; le loro interazioni sembrano a disagio, lasciando un membro del pubblico a sapere qualcosa di questa scena ancora senza parole. - Un altro esempio potrebbe essere:

All'inizio del primo atto (giovedì santo, ore 16.30 circa), all'apertura del sipario non ci saranno attori in scena; ci sono invece solo fiori dai petali appassiti appassiti su sgabelli da fiori e davanzali, insieme a televisori coperti da lenzuola o panni ed eventualmente altri oggetti ricoperti da tessuti.)

Qui la situazione iniziale è più insolita. Nessun giocatore sul palco. Sono presenti fiori appassiti e mobili coperti; cosa dovrebbe pensare lo spettatore di tutto questo? Ci sono persone nascoste qui? Sicuramente sembra così...

Nessuno è stato lì da un po' - non sappiamo se l'appartamento è vuoto, o se i suoi abitanti sono in viaggio - ma il pubblico imparerà rapidamente nella prima scena e nel dialogo che segue. Un fatto non rivelato nel testo: è giovedì santo; tuttavia, ben presto questo viene reso noto attraverso il dialogo che segue. - Terzo esempio:

Harald è seduto alla scrivania e scrive sulla tastiera del computer; Lena aspira la polvere davanti a lui; Harald sembra infastidito dal rumore mentre Lena appare angosciata da tutto ciò e si asciuga costantemente le lacrime - tutto questo in un normale sabato mattina!

All'alzarsi del sipario troviamo in scena due vivaci attori; un uomo e una donna. Anche se non è noto se questi due siano già sposati o compagni di vita; tuttavia vediamo segni di conflitto senza scambio di parole - con lui infastidito dal rumore del suo aspirapolvere; lei appare molto angosciata da tutto ciò. Non sembrano necessari ulteriori oggetti di scena (tranne forse lo stesso aspirapolvere) qui - in effetti la scenografia rimane invariata proprio come descritto in precedenza.

Dopo aver descritto l'inizio del gioco, inizia immediatamente il dialogo nella prima scena dell'Atto 1. Alcuni autori che provano il loro primo romanzo commettono l'errore di scrivere lunghi dialoghi come introduzione di apertura; questo può essere noioso e imbarazzante. Passa invece direttamente all'azione nella scena 1 senza preamboli inutili, poiché le relazioni e i conflitti dovrebbero apparire in modo naturale durante il gioco.

Come membro del pubblico, vedo spesso i registi uscire davanti al sipario e accoglierci prima di spiegare e descrivere il pezzo, a volte fino all'ultimo dettaglio e includendo un'eventuale battuta finale. In questi momenti potrei salire sul palco e uccidere subito questa persona; qualcuno mi deve prima spiegare tutto!

Per quanto io voglia guardare in questo momento, il contenuto deve essere scritto così male o la persona così incompetente da rendere necessario questo requisito.

Lo fa perché presume che il suo pubblico non abbia abbastanza intelligenza per apprezzare la commedia. Una terza possibilità potrebbe essere che sia stato tagliato così tanto testo da rendere necessaria una spiegazione; come spettatore, invece, devo comprendere tutti gli elementi senza bisogno di annunci e spiegazioni da parte di un ufficiale.

Allora come potrebbe essere la scena iniziale della tua opera teatrale? Ora che ne abbiamo compreso il concetto centrale, hai diverse scelte a tua disposizione per avviare l'azione della storia. Consideriamo queste possibilità: 1. Nessun attore sul palco ma sentiamo Leni salutare un cliente prima di entrare in soggiorno subito dopo. 2. Leni e i suoi figli si siedono attorno a un tavolo. 3. Leni presenta Daniel, suo nipote, nel soggiorno.

4. Leni è nel suo negozio quando entrano suo figlio e sua nuora, discutendo del suo futuro insieme a quello del negozio di Leni e del suo.

Quindi ci sono vari modi in cui puoi iniziare l'azione in movimento, ma alla fine la scelta spetta a te. Il conflitto è il fondamento di tutte le commedie, quindi quando ne viene messo in atto uno dovrebbe emergere entro cinque minuti o svilupparsi rapidamente nel primo atto, creando uno spettacolo emozionante e divertente! Nel nostro caso ciò significava fornire aggiornamenti rapidi su ciò che i figli di Leni stavano facendo abbastanza rapidamente.

Di tanto in tanto ricevo manoscritti di giovani scrittori che cercano la mia onesta opinione prima di offrirla agli editori. Sebbene le opere drammaturgicamente corrette siano questioni di gusto soggettive, posso comunque fornire agli scrittori alle prime armi consigli onesti riguardo eventuali errori gravi nei loro manoscritti o la loro mancanza. Quando si legge un'opera, come se due o tre attori avessero una piacevole conversazione in cui tutte le parti coinvolte semplicemente annuivano o erano d'accordo senza disaccordo e lo spettatore inizia a chiedersi cosa sta succedendo, sicuramente non è una buona scrittura; deve succedere qualcosa o almeno deve lasciarli pensare in questo modo!

Sul palco, nulla di interessante dovrebbe accadere senza conflitto! Ricorda questa frase:

"Nessun conflitto è appropriato!!!!". Pertanto, ecco come potrebbe iniziare il nostro pezzo nella sua prima scena:

Rudolf e Ina stanno in silenzio nella stanza quando il sipario si apre; entrambi sembrano incerti e incerti. Si sente Leni che da dietro saluta uno dei loro clienti).

Se scegliamo questo percorso, lo spettatore si immergerà immediatamente nella prima scena del dramma. Anche se potresti già anticipare che Rudolf e Ina vogliono incontrare Leni, cambiamo le cose: che ne dici invece di questo:

(Quando si apre il sipario, non c'è nessun attore sulla scena. Leni allora avanza da dietro con una cassa, si siede a un tavolo e comincia a contare i soldi; poco dopo entra Daniel da destra.)

Ora apprendiamo di Leni e del suo negozio, incontriamo Daniel e possiamo permettere che il conflitto emerga in seguito: la velocità con cui il pubblico incontra quel conflitto dipende da te; ciò che conta è che ciò accada.

Un'opera teatrale in genere comprende più atti. Nel primo atto creiamo un conflitto fornendo al pubblico informazioni sui personaggi; durante il secondo atto sviluppiamo ulteriormente gli elementi della trama e raggiungiamo il climax; infine, nel terzo atto, chiariamo il conflitto e poniamo fine a tutto, soddisfacendo la maggior parte dei personaggi e lasciando allo stesso tempo un'esperienza visiva piacevole per gli spettatori.

Ogni pezzo del nostro gioco presenta non solo una trama principale ma può contenere anche sottotrame. Leni e il suo negozio costituiscono la nostra trama principale; ulteriori sottotrame potrebbero coinvolgere Rudolf che è attratto da Daniel o viceversa o forse che Leni ha problemi coniugali.

Prima di scrivere il tuo primo atto, voglio sottolineare un errore che vedo spesso tra i manoscritti inviati da giovani scrittori: spesso commettono l'errore di separare le coppie romantiche troppo presto o semplicemente di non dare abbastanza sviluppo al personaggio in generale. In nessun caso ciò dovrebbe verificarsi:

Gli atti durano generalmente 25-35 minuti (se la tua rappresentazione di tre o quattro atti è abbastanza lunga) senza spostamenti di tempo; quindi se la scena del tavolo della colazione inizia alle 8:00 e termina alle 8:30, l'atto si è concluso alle 8:30. Il secondo atto inizia intorno alle 15:00 del pomeriggio e dovrebbe terminare intorno alle 15:30. Questo dovrebbe rendere il tempo reale durante il tuo atto di gioco; tuttavia, se gli spostamenti temporali si verificano inevitabilmente (ad esempio a causa dell'ingresso e dell'uscita degli attori in orari diversi), è necessario trovare soluzioni intelligenti (ad esempio introducendo più atti e scene diverse contemporaneamente). Passa dalla sera alla mattina utilizzando musica ed effetti di luce in modo che lo spettatore sia consapevole di questi spostamenti temporali. Preferibilmente ciò dovrebbe avvenire durante una pausa adeguata senza attori presenti sul palco; ma in generale sarebbe più saggio non farlo. Tra un atto e l'altro, puoi giocare con il tempo come ritieni opportuno: ciò potrebbe includere minuti, ore, giorni, settimane, mesi e anni! Basta non cambiare il tempo in un unico atto! Ho letto manoscritti e visto opere teatrali in cui il primo atto inizia a colazione e termina 25 minuti dopo, quando il personaggio principale va in una discoteca che apre le sue porte alle 8 del mattino! Eppure il dialogo di solito indica che ormai era tarda sera: come dovrei comprendere quello scenario come spettatore? Non commettere questo tipo di errore!

Mentre scrivi, mantieni ogni carattere in primo piano nella tua mente mentre scrivi. Dov'è adesso? Quali sono le sue intenzioni? Ciò impedirà a Leni di entrare nella camera da letto per poi uscirne più tardi come estranea; deve essere entrata con qualche altro mezzo se così fosse e non c'era una rima o una ragione fornita nella commedia per tale azione; altrimenti lo spettatore potrebbe rimanere confuso e disorientato. - Questa stessa tecnica funziona anche quando si scrive flash fiction.

La durata dell'assenza si riferisce a quanto durano le assenze degli attori; ad esempio, quando i personaggi effettuano acquisti importanti, dovrebbero concedere tempo sufficiente e consentire al pubblico di seguirli nel miglior modo possibile. Tieni gli occhi aperti per ogni minimo dettaglio che potrebbe sfuggire; gli spettatori hanno occhi molto acuti che notano tutto e tutto può essere notato da loro con molta facilità; quindi quando un attore esce dalla stanza per andare a fare la spesa non può tornare dopo due minuti con le borse piene. Pensa a quanto tempo ti serve per fare la spesa; dai a questo attore abbastanza tempo sullo schermo nel tuo pezzo o lascialo apparire di nuovo se necessario.

Mentre scrivi il primo atto, tieni presente che ogni frase pronunciata dai tuoi personaggi deve trasmettere un significato. Chiediti perché un attore dice qualcosa. Non sai esattamente cosa intende questo attore con questo? Aspetto:

Anne: (dopo qualche riflessione) Cosa ne pensi del nostro nuovo servizio da tè?

Florian: Madre e padre l'hanno acquistato per commemorare il ventesimo anniversario di matrimonio della sorella della madre; almeno sei tazze sono state acquistate direttamente dalla madre stessa da Purple Flowers Tea Party Shoppe (Burwood Road).

Anna:

Florian: Qualcosa di bello sul muro durerà tutta la vita, rispose Anne con sdegno. Che tipo di motivo era previsto? Una donna nuda per la sua camera da letto, forse? A Florian potrebbe piacere qualcosa di simile (sorride)

Anne: Sì, certo, dimentichiamolo subito, il regalo ideale dovrebbe essere qualcosa di inaspettato che non faccia semplicemente piacere a papà. Florian: Perché i regali per le nozze d'argento dei genitori devono essere particolari e stravaganti? Anne: Beh, visto che noi siamo i bambini, sicuramente non dovrebbe essere troppo difficile?

Florian: Cosa ne pensi... - La mamma si lamenta da settimane di come le sue pentole continuino a bruciare. Anne: Questo è un regalo di nozze inaccettabile da parte dei bambini! Non vengono forniti elettrodomestici e pentole.

Floriano: certo. Meglio qualcosa di pratico che qualcosa che non useranno, piuttosto che qualcosa di inutile come una qualche forma di ninnolo o giocattolo inutile che non useranno mai più. Anne: No grazie, non andrebbe mai bene! Se mio marito mi regalasse qualcosa di pratico come un cuociuova o un tostapane il giorno del nostro matrimonio, non sposerei neanche quello!

Come si vede chiaramente, una coppia di fratelli sta discutendo su un regalo appropriato per i genitori per le nozze d'argento, ma nessuno dei due è d'accordo su una soluzione ideale: un figlio preferisce considerazioni pratiche, mentre l'altro desidera il romanticismo e lo vuole fatto bene. Attraverso il dialogo, impariamo molto su entrambi i personaggi: ogni frase è significativa in sé e ci dà un'idea di chi ha detto cosa e quando!

Ridurre i dettagli non necessari solo perché la scena dovrebbe essere più lunga è la chiave; restare sulla buona strada restando concentrati; col tempo riuscirai a tenere la situazione sotto controllo, ma all'inizio continua a chiederti "Perché il personaggio X dice o reagisce in questo modo?" e "Perché il personaggio Y ha risposto in quel modo?" come istruzioni.

In seguito al mio precedente suggerimento, lasciatemi suggerire come la nostra commedia potrebbe iniziare nella scena iniziale:

1. Leni: (entrando dal retro del negozio con la cassa e il libro, si dirige direttamente verso un tavolo e si siede. Una volta lì inizia a contare i soldi e a scrivere i numeri sul suo libro prima di sentirsi sopraffatta e smettere del tutto di contare). Il suo abbigliamento appare normale e quotidiano).

2. Scena 2 Daniele (entra da destra, vestito in abiti sportivi estivi e bussa poco prima. Leni è contenta di vedere suo nipote) Daniele! Il mio ragazzo! Daniel: (si avvicina e dà a Leni un bacio sulla guancia), poi chiede come sono andati gli affari oggi prima di fare i complimenti per le vendite, sono rimasti tutti soddisfatti?

Leni: Per quanto riguarda i miei bisogni, sono sempre soddisfatti e non mi chiamano più zia Emma.

Daniel: Nonna Leni, posso avere un altro pacchetto di sigarette, per favore? È Leni: Fumare troppo spesso...

Daniel: (la interrompe) Il fumo fa male alla salute, invecchia la pelle, riduce l'impotenza e puzza...- Nonna, smettere non è così facile... Leni: Tuo nonno allora la pensava esattamente allo stesso modo; nemmeno lui riusciva a tenere le mani lontane dal fumare e aveva solo 73 anni!

Daniel: Nonna, ho bisogno del tuo aiuto. Tuo nonno ha avuto un incidente. mes Leni: (un po' triste) Sì. Non parliamone; aiutati e basta. Daniel (le accarezza brevemente la spalla, prima di uscire per assistere il suo socio in fondo al negozio) Leni (lo guarda brevemente prima di continuare il suo lavoro di contabilità)

Terza scena

Ina e Rudolf entrano indossando abiti estivi. Rudolf saluta brevemente Ina mentre Ina fa un ingresso diretto e deciso: Buonasera suocera! Rudolf risponde velocemente: Madre.

Leni: (leggermente sorpresa) Accidenti, e tu? Stavo ancora facendo la fatturazione giornaliera quando sei venuto qui! Cosa posso offrirti, un tè?

Ina: [con determinazione e fermezza] Suocera, per favore, torna a sederti perché c'è qualcosa tra noi di cui dobbiamo discutere. Leni si sedette, esitante, incerta su cosa stesse succedendo o sul perché Ina fosse così seria. Ina continuò a dire quello che pensava con determinazione: Sembri molto seria oggi Ina! Il tono di Ina era chiaro quando entrò alzandosi lentamente per poi sedersi di nuovo: Sì? Allora, che succede oggi, Ina? Ma sembri così serio! Allora cosa rende Ina così seria? E allora cosa succede alla sua espressione seria? A Leni sembra piuttosto seria, mentre lentamente si rimette a sedere insicura, incerta, lentamente si rimette a sedere: Sì? Allora di cosa parliamo oggi Ina? Ina sembra ovviamente così intensa. Leni, incerta, si rimette a sedere lentamente: Sì? Allora cosa succede qui oggi, Ina? Leni si rimette a sedere lentamente: Sì? Allora, cosa succede qui oggi, Ina?

Leni si rimette a sedere lentamente: Oh? Allora cosa succede oggi con la tua espressione? In un

Rudolf: Mamma, erano settimane che volevamo parlare con te ma continuavamo a rimandare. Ina: Ma ora è troppo tardi; non possiamo più aspettare. Leni: Sembra drammatico. Ho fatto qualcosa di sbagliato? 4a scena.

Daniel: (di ritorno dal retro del negozio durante l'ultima frase di Ina; tiene in mano un pacchetto di sigarette e si guarda intorno) Oh - ricongiungimento familiare?

Ina: Cosa ci fai qui? Penso che tu debba essere all'allenamento di calcio.

Daniel: Annullato (prefigura il male). Il tuo sguardo mi dice che qui c'è qualcosa che non va... Sembra che tu non sia qui per un caffè, Rudolf. Daniel: Non è giusto; assolutamente no, non così! Leni: Con chi parlano adesso?

Rudolf: Per quanto tempo lo porteremo con noi? Daniele: papà. Leni: Wow. Quindi è questo; mi stai dicendo che devo chiudere il negozio e trasferirmi in una comunità di pensionati assistiti! - Bene, ora la verità è stata rivelata.

Non appena il pezzo inizia in questo modo, il conflitto è inevitabile nel giro di pochi minuti. Hai già fornito molti spunti sul carattere di Leni - vedova; rapporti con il nipote buoni; voler interrompere la contabilità per offrire qualcosa ai bambini; Daniel sa cosa progettano i loro genitori, ma sembra disapprovare; il genero e la nuora sembrano duri con Leni; a entrambi non piace la sua presenza, il tutto in tre pagine di testo!

Ma potremmo anche aspettare che Ina e Rudolf compaiano per primi. Forse preferiresti che Daniel raccontasse a sua nonna cosa stavano progettando i suoi genitori, o potrebbe anche darsi che la ragazza di Leni abbia visto Ina e Rudolf fare progetti per Leni e quindi sia stata la prima persona ad entrare in scena - qui tutto è possibile - prendi quello ti piace o trovi il tuo punto di partenza unico; il tuo pezzo ti appartiene!

Andiamo avanti con il mio suggerimento: cosa potrebbe comportare il pezzo dopo? Adesso è la tua occasione! Come risponde Leni e cosa fa dopo? Daniel a questo punto potrebbe offrire il suo aiuto per Leni; per quanto tempo continua questa conversazione; chi esce e chi entra nella scena successiva?

Che ne sarà di Leni e del suo negozio? Questo deve essere il tema che unifica tutta la tua commedia, fino alla sua conclusione. Lascia correre la tua immaginazione mentre scrivi ogni possibile scenario: ecco alcuni suggerimenti utili:

Evita di scrivere dialoghi che durano più di 10 minuti e che consistono semplicemente in un dialogo infinito senza punti alti o bassi, poiché questo diventa rapidamente noioso per gli spettatori. Dovrebbe succedere sempre qualcosa; creare tensione. Riempi un atto della tua commedia con almeno 8 scene; di più a volte può funzionare meglio. Non tentare di far ridere le persone del pubblico con espressioni crude nei dialoghi: la commedia dovrebbe derivare solo dal dialogo, dal testo e dalla commedia situazionale, non dall'uso di parole porcate per incoraggiare gli spettatori a "taccare la coscia".

Chiedersi cosa costituisce il vero umorismo può portarti a chiederti: cosa sto guardando esattamente, di cui il pubblico ride? La prima regola della commedia è questa: il pubblico sa più di qualsiasi attore in scena quello che sta succedendo!!

Un lavoro drammaturgicamente corretto deve iniziare con la comprensione della tensione e della commedia all'opera simultaneamente. Sai cosa voglio dire?

Immaginate che quando qualcuno si nasconde in una stanza ma le altre persone presenti non si accorgono di lui/lei; mentre un membro del pubblico lo sa. Tutto ciò crea allo stesso tempo tensione e commedia.

"Chi scava una fossa per gli altri, vi cadrà lui stesso". Chi conosce questa espressione lo sa bene: tendere trappole agli altri per trascinarli in una di queste può condurli a loro volta dentro - sia che ciò avvenga sotto forma di veleno. bevande, alimenti alterati, trappole per topi o lettere o conversazioni telefoniche ecc...

A prima vista, questo sembra divertente sia per lo spettatore che per il personaggio. In ogni caso, questo tipo di scenario di solito funziona bene nelle commedie: gli spettatori ridono quando un personaggio completamente diverso o anche colui che ha teso la trappola ci casca, creando una grande ironia comica. Anche le identità sbagliate tendono ad essere accettate: sia gli oggetti che le persone possono facilmente confondersi!

Avere una casa, un appuntamento e varie altre necessità.

Anche i malintesi nelle conversazioni possono essere esilaranti: quando il personaggio A menziona la sua nave Antje, il personaggio B può presumere che si riferisca a sua moglie con lo stesso nome: le commedie a fattori inversi deliziosamente divertenti sono sempre benvenute! Tendenza - dal 2008:

Come sta succedendo? Un uomo si comporta come una donna o viceversa per ragioni sconosciute. Quali fattori potrebbero spiegare tali comportamenti?

Ad esempio: modo di comportarsi da prostitute? Uomini che fanno spogliarello. E le donne possono diventare anche muratrici!

Oppure una donna come Cancelliere (purtroppo esiste già). Questi sono solo alcuni suggerimenti, molti dei quali li ho già inseriti nei miei pezzi; ce ne sono ancora di più! Fare queste cose in modo intelligente e corretto porterà solo a risultati comici che fanno ridere.

Crea qualcosa che non esiste nella vita reale.

Sul palco, questo può rendere la visione molto divertente:

Un rappresentante offre prodotti che una volta non erano disponibili: preparati per onde permanenti che durano mesi; prodotti per la crescita dei capelli con effetti di crescita estremamente rapida; salvaslip per uomo; cioccolatini che aumentano rapidamente l'intelligenza, ecc. - che prima non erano disponibili per l'acquisto - tuttavia sfortunatamente questi hanno molti effetti collaterali e potrebbero rapidamente rivelarsi disastrosi! La mia performance intitolata "Non ce l'abbiamo - Non esiste" si è concentrata specificamente su questo tema.

Oppure prendiamo l'innovazione medica. Un chimico dilettante crea un siero per eliminare completamente l'odore del sudore, rendendo questa meravigliosa invenzione obsoleta e rendendo mai più inutile l'odore del sudore, ma ha bisogno di volontari per testarlo e i suoi ormoni altamente concentrati altereranno le persone. ("Il professore pazzo"). Tutti questi argomenti possono sembrare ridicoli ma hanno un'enorme influenza sulla società in generale.

I personaggi divertenti nelle commedie sono sempre molto efficaci. Con "personaggio divertente" intendo proprio questo.

Queste figure spesso si distinguono dai loro compagni personaggi in vari modi, siano essi difetti o meno. Gli esempi potrebbero includere cose come errori linguistici (non parlare tedesco o dialetto); individui goffi o meno istruiti; attori di colore; quelli vestiti diversamente e altre cose. Tali personaggi aggiungono carattere e spesso diventano rapidamente i preferiti del pubblico. Inoltre, non è necessario che tali "personaggi divertenti" svolgano ruoli importanti per aggiungere umorismo; anche quelle minori nelle sottotrame possono rivelarsi altrettanto divertenti!

*Personalmente, non sono favorevole all'inclusione di personaggi con problemi di linguaggio nella commedia. I tuoi personaggi dovrebbero essere tutti unici; altrimenti da dove deriverebbero il dramma e il conflitto?

Il linguaggio e l'espressione sono una questione estremamente delicata. Guarda qualsiasi film degli anni '70 con Theo Lingen o Roy Black; non è stato divertente? Ma, sul serio, sei entusiasta delle loro trame e dei loro dialoghi come quando sono stati pubblicati per la prima volta (se hai meno di 30 anni non li conoscerai comunque; noleggiali dal tuo negozio di video e giudica). Oggi trovo questi film divertenti solo raramente perché ciò che viene mostrato spesso non è molto "divertente". Il tempo ha sicuramente cambiato tutto.

Al giorno d'oggi, quando guardiamo un film serale in televisione, tendiamo a vedere più pelle esposta rispetto ai film degli anni '70. Non solo quello; i film contemporanei devono certamente riflettere questo cambiamento poiché gran parte di esso avviene verbalmente - pensa a "Sex and the city", che contiene almeno 50 parole sessuali che non fanno parte del mio vocabolario quotidiano né del tuo!

Cosa distingue l'intrattenimento dalle serie televisive o dai film come i film per la TV dalle rappresentazioni teatrali in termini di uso del linguaggio e libertà visiva?

Anche qui nessuno può darti una risposta esatta; il teatro in scena è sempre vivo! La tua prossima domanda potrebbe essere cosa può e non può essere mostrato o detto sul palco; Mi riferisco qui specificatamente a quanto è stato redatto come copione e deve poi essere riprodotto dagli attori sulla scena.

Ebbene, il teatro è un campo vasto. In alcune commedie gli attori appaiono completamente a torso nudo, esprimendo tutto ciò che possono. Sono specializzato principalmente in produzioni teatrali popolari gestite da gruppi amatoriali.

Nessun attore dilettante che conosco apparirebbe in una commedia popolare amatoriale vestito solo di biancheria intima nera; e, come membro del pubblico, neanche questo sarebbe qualcosa che mi attira. Inoltre sembra proprio strano.

L'amore e il sesso sono argomenti perenni nel teatro popolare, quindi mi piace avere in mente immagini di quello che potrebbe succedere nella porta accanto. Ad esempio, un palco vuoto accanto al quale c'è una porta aperta con voci maschili di entrambi i sessi; qualche tempo dopo, quando qualcuno sale sul palco con gli slip leggermente sudati ma soddisfatto, ognuno può creare la propria versione di quello che è successo lì invece di vedere accadere qualcosa di reale e mostrato dal vivo sul palco. Lo trovo molto più coinvolgente.

Mentre ne parlavo durante il dibattito, il mio pensiero al riguardo era simile. Anche se oggi gli attori dilettanti possono usare parole come "colpo", "barbone" e "fanculo", non c'è niente di intrinsecamente sbagliato nello scrivere la tua commedia in quel modo se sembra necessario; tuttavia, la maggior parte degli attori utilizzerebbe una terminologia diversa quando si esibisce per un pubblico.

Non uso affatto queste parole nei miei pezzi! Questo argomento ha già generato accese conversazioni, con persone che mettevano in dubbio la mia pronuncia eccessivamente formale nei dialoghi delle mie opere teatrali. Ma ecco la mia spiegazione:

"Bumping ecc." non fa parte del mio linguaggio quotidiano. Come membro del pubblico in un teatro che guarda uno spettacolo comico, voglio essere completamente coinvolto da ciò che sta accadendo; vivere insieme agli attori; Creo anche immagini nella mia mente di cose che accadono fuori dal palco così come mi vengono raccontate da loro - quando qualcuno vuole andare a fare shopping o farsi una doccia; ad esempio; questo accade immediatamente nella mia mente!

All'inizio può sembrare sorprendente, ma il dialogo parlato ha lo stesso effetto su di me; quando un attore mi racconta di aver ucciso un gatto o qualcuno ha denunciato di aver rapinato una banca, immagino queste immagini. Leggere romanzi crea effetti simili mentre la tua mente visualizza personaggi, luoghi, oggetti ed eventi da un romanzo nella tua immaginazione.

Se una delle attrici in scena dicesse: "Oh, vorrei farlo senza inibizioni con il mio capo al tavolo della cucina", avrei subito un'immagine in mente e riderei a crepapelle alle loro parole. Ma cosa accadrebbe se invece dicessero: "Oh, voglio scopare il mio capo"? Come spettatore, sarei scioccato. I momenti di shock possono avere un forte impatto in molti pezzi; tuttavia, non appariranno mai nei miei lavori poiché gli spettatori preferiscono divertirsi e creare le proprie immagini nella loro testa piuttosto che essere scioccati da qualcuno sul palco attraverso il dialogo.

Questo è il mio punto di vista al riguardo; tuttavia, se il tuo dovesse differire, non esiste alcuna legge che possa fermarti.

Questione di limiti di gioco? Ho scritto commedie con donne profondamente attratte dagli uomini che contengono contenuti molto piccanti; i loro attori possono togliersi i vestiti come parte del loro ruolo; anche io posso spogliarmi e restare in mutande quando necessario! Ma forse le scene seguenti potrebbero svolgersi invece in un'altra stanza vicina?

Se vai oltre e usi un linguaggio estremamente crudo, il tuo pubblico si sentirà come se stesse assistendo a uno spettacolo di teatro diffamatorio nella vita reale.

La tua commedia dovrebbe soddisfare un certo standard e livello. Trova un livello appropriato di erotismo e lascia che si dispieghi in modo naturale: non bombardare il tuo pubblico con insulti verbali; questa tattica è inutile e inutile.

Alla conclusione di ogni atto, rendilo così emozionante che il pubblico non veda l'ora di vedere come si svolgerà la tua commedia. Alla fine di ogni atto, assicurati che la trama raggiunga nuovi climax.

Quando scrivi, considera sempre il tuo lettore quando consideri le informazioni necessarie ai personaggi sul palco. E non trascurare le istruzioni di gioco nei dialoghi, che dovrebbero apparire tra parentesi; queste istruzioni saranno preziose per gli attori!
Gerda:
Corretto! Dov'è stato Manni? Dovrebbe aver finito di mungere ormai - sono quasi le 20:00 (va alla porta sul retro e lo chiamava per nome:) Manni!!! (torna, spalma pane e burro sul piatto, completa il tutto con formaggio, ecc.)

Arno: (legge la rivista con interesse) E questo significa che non dovremo più fare le pulizie da soli?

Heinrich: Oh no! Tutto sembra essere svanito nel canale.

Arno: Guarda quanto spazio occupano le mucche.

Heinrich: Sì! Si sentiranno a proprio agio lì e di conseguenza produrranno un latte migliore. Gerda: Perché più spazio dovrebbe portare a produrre latte di qualità migliore?

Heinrich: Gerda, quante volte ti sei lamentata del disagio quando indossavi la tua vecchia cintura?

Gerda: Ciao bella!!!

Arno: (ride) Per facilità di comprensione, ho scritto qui le mie istruzioni di gioco in corsivo per facilitare l'apprendimento da parte dell'attore sul palco da parte tua, l'autore. Devono imparare non solo quali saranno le loro battute, ma anche i requisiti gestuali come quando uscire o entrare, ecc. Non omettere del tutto le istruzioni di gioco, ma fai attenzione a non esagerare con l'esecuzione!

Torno alla mia idea originale: la commedia con Leni, il suo negozio e i bambini che vogliono deportarli in una casa di riposo. Se questa idea ti attira e vorresti che ne scrivessi, libera la tua immaginazione su cosa potrebbe accadere!

Non esitate a inviarmi i vostri primi tentativi di scrittura; Esaminerò e risponderò onestamente. Sul mio sito web www.Theater-Schmidt.de troverai i miei dati di contatto sotto Note legali.

Dopo aver visto numerosi drammi classici (in particolare quelli di scrittrici), gli spettatori sanno già dal loro primo conflitto tra una giovane donna e un uomo che "alla fine si prenderanno a vicenda!" Perché gli autori lo fanno? Perché al pubblico piace vedere un finale "per sempre felici e contenti" o perché l'autore vuole crearne uno? L'ho fatto io stesso in molti pezzi perché so dai pezzi precedenti cosa verrà dopo, anche se non in tutti i miei pezzi recenti!

La mia scrittura mi ha in qualche modo allontanato da esso; non tutto deve finire bene - il che può anche essere irrealistico - quindi non pensate inizialmente che due giovani personaggi che inizialmente si detestano, ma che poi si ritrovano alla fine di un'opera teatrale, possano finire insieme cadendo l'uno nelle braccia dell'altro al momento giusto. conclusione. Anche se ciò potrebbe accadere, scrivi semplicemente la tua storia; "Pace, gioia e frittelle" non sempre esistono nella vita reale!

Per non fraintendere; gli spettatori vorrebbero idealmente andarsene con la maggior parte delle incongruenze risolte o almeno avere un'idea di cosa potrebbe svilupparsi dopo la sua conclusione, mentre eventuali conflitti dovrebbero essere chiariti; anche se questo significa raggiungere un accordo con tutte le parti coinvolte; ma trova una soluzione soddisfacente che lasci soddisfatto il pubblico. Ricordi la mia commedia "Praxis Dr. Freeseman?"

Harald Freesemann ha trascorso anni a scrivere libri che, a causa della mancanza di interesse da parte degli editori, rimangono inediti. Sua moglie Lena deve quindi sbarcare il lunario come donna delle pulizie finché un giorno un nuovo inquilino si trasferisce al piano sopra e richiede i suoi servizi anche come donna delle pulizie. Gisela riferisce che Gisela ha trovato un individuo a cui si riferisce come un "idraulico del cervello". Per coincidenza, il suo cognome è Freesemann, qualcosa che Lena e Harald trovano inquietante poiché ora prevedono disagi da parte dei suoi pazienti. Il dottor Horst Freesemann normalmente insisterebbe perché passassero oltre il primo piano se volevano cure da lui, ma Harald era già entrato da una delle porte ed è attualmente nella sua stanza. Harald riconosce la sua opportunità e inizia a curare quest'uomo che desidera disperatamente cure e mette volentieri sul tavolo qualche centinaio di euro per questo. Ma poi improvvisamente appare un vero psichiatra, che vuole che Harald li curi entrambi perché entrambi soffrono di psicosi endogena...

Questo pezzo potrebbe finire nel caos, ma gli spettatori non se ne andranno insoddisfatti: il protagonista ha risolto le sue preoccupazioni finanziarie scrivendo un manoscritto su ciò che è accaduto sul palco accanto a lui.
Harald è stato ispirato a scrivere questa commedia da sua moglie e la sta pubblicando.
Un vicino ha scoperto che Harald stava curando i pazienti nonostante non fosse un medico autorizzato; la loro indignazione fu messa a tacere da un viaggio.
Sfortunatamente, nessuno dei personaggi malati di mente di questa commedia viene mai curato, al contrario; anche tutti quelli "normali" prima o poi impazziscono!

Drammaturgicamente parlando, tutto funziona bene: il conflitto principale è stato risolto mentre ne possono sorgere di nuovi; pertanto, il pezzo può terminare con una nota ottimista, lasciando sia lo spettatore che i personaggi soddisfatti ma preoccupati per ciò che potrebbe accadere dopo.
Riconosciamo tutti questa esperienza dai film o dalla TV. Quante volte abbiamo guardato un film emozionante solo per poi finire bruscamente...?
Produttori e sceneggiatori utilizzano spesso questo approccio quando raccontano una storia; ne delineano la storia, tentano di affrontare il suo problema principale concludendolo solo indirettamente. Sebbene strategie simili non si applichino agli spettacoli teatrali, produttori e sceneggiatori usano strategie simili quando raccontano la loro storia.
Ma se preferisci darc alla tua opera un lieto fine, è perfettamente accettabile: volevo solo farti sapere che non esistono regole rigide e veloci!

Editori e gruppi ti richiedono di presentare il contenuto del tuo pezzo nelle prime pagine del manoscritto, sia prima che inizi la scrittura, sia a metà o dopo aver terminato un atto. Gli editori in genere non alterano questo elemento della presentazione di un'opera teatrale: i gruppi teatrali utilizzano spesso questa descrizione della loro opera per pubblicità su volantini, opuscoli di programmi e stampa. Si prega di rendere i contenuti accattivanti ma non più lunghi di una pagina DIN A5! Vorresti alcuni esempi su come potrebbe apparire? - ecco un aiuto:

Alida Neumann non trova più alcun significato nel suo matrimonio con Ingo e vuole mettervi fine prendendo dei sonniferi. A causa delle azioni sbagliate di Ingo e dell'acquisto di una casa troppo grande, i loro problemi finanziari sono andati fuori controllo e ora devono insieme oltre 300.000 euro. Alida sospetta che Ingo abbia una relazione poiché recentemente ha ricevuto molte lettere e chiamate da donne. Per tutelarsi finanziariamente da possibili cause legali derivanti da questi rapporti, Ingo ha chiesto ad Alida di ottenere dai suoi assicuratori sulla vita quattro polizze vita del valore di 150.000 euro ciascuna. Alida crede che dovrebbe essere uccisa da Ingo e quindi ricorre al suicidio quando il suo piano fallisce; ma Ingo pensa a qualcosa di molto diverso: pubblicizzando su vari giornali fotomodelle che potrebbero venire a trovarlo e invitandole di persona. Alida e Ingo sperano di andare all'estero dopo aver creato un'immagine di Alida il più fedele possibile, almeno in termini di altezza e peso. Ingo ha intenzione di drogare Alida prima di portarla con lei giù per una ripida collina nell'auto della moglie in modo da richiedere il risarcimento delle polizze di assicurazione sulla vita in caso di incidente; in seguito progettano di raccogliere insieme i soldi dell'assicurazione attraverso falsi incidenti. - Ingo ha trovato in Gabi Koch la sua vittima perfetta. Tuttavia, Ingo si innamora rapidamente di Gabi e cambia il loro piano volendo invece mettere Alida nella loro macchina. Poco prima del suo omicidio pianificato, Gabi scopre tramite Alida che Ingo intendeva che venisse uccisa ed è scioccata da questa notizia. Poco dopo, Alida e Gabi si divertono tanto quanto scoprono l'amore reciproco prima di escogitare un piano per eliminare Ingo con una cola avvelenata che viene ubriaca accidentalmente da Sven (l'amico di Ingo) invece di uccidere Ingo stessa... Con Else Krautwurst che si fa avanti ... Il corpo deve trovare rapidamente un posto dove seppellirsi.

Mentre leggi un pezzo, non rivelarne la fine finché l'ultima frase non è stata letta ad alta voce; ciò creerà interesse tra i direttori del gioco, aumentando le probabilità che il pezzo venga stampato senza che i lettori ne abbiano visto la fine prima di stamparlo da soli. Considera anche questo suggerimento:

Anna Thalmann ha una figlia di 18 anni e vive con un marito che lavora fuori casa durante la settimana e guadagna un "buon salario", più due "migliori amici" con cui trascorre il tempo uno o due giorni alla settimana.

Condivide ore di pettegolezzi e confida le sue cose più intime a un uccello a cui è affidato il compito di tenerli d'occhio entrambi. Il suo appartamento in affitto è grande e ben arredato, mentre lei stessa non ha mai avuto malattie gravi; tutti gli indizi fanno pensare che sia una donna eccezionale. Le sue lotte quotidiane l'hanno fatta sentire inutile e abbandonata dalla sua famiglia nel suo ruolo di madre e moglie premurosa. Erwin ha un atteggiamento malsano nei confronti di sua moglie; quando è a casa nei fine settimana preferisce guardare le partite di calcio o assistere alla sua partita di pattinaggio piuttosto che passare del tempo con lei. Anna ha iniziato a interiorizzare la sua frustrazione indulgendo in un'alimentazione eccessiva, cosa che l'ha portata ad essere in sovrappeso di 20 chilogrammi. Ma ora Anna vuole cambiare qualcosa! Ordina attrezzature per il fitness da un negozio di TV, frequenta sessioni di gruppo di ginnastica e riceve consigli sul trucco da Sonja, il tutto sperando di riaccendere la fiamma nel suo matrimonio con facilità e velocità. Tuttavia, il loro piano rimane complesso e complicato. Un giorno, quando la lavatrice di Anna si rompe, Mustafa Yldiz arriva per ripararla e rimane immediatamente estasiato da Anna. La invita per un'indimenticabile serata "turca"! Anna soccomberà al suo fascino o prenderà da sola il controllo della sua vita?

Anche qui scopriamo contenuti e conflitti senza essere a conoscenza della loro risoluzione. Allo stesso modo, i tuoi pezzi dovrebbero seguire l'esempio.

Poiché ogni opera teatrale richiede un titolo, nominarne uno a volte può essere difficile. Un titolo ideale dovrebbe rivelare qualcosa sullo spettacolo e allo stesso tempo affascinare il pubblico durante la lettura di poster e opuscoli del programma. I titoli possono essere costituiti da una sola parola, essere una domanda o contenere intere frasi; In genere però sconsiglio i titoli lunghi e preferisco versioni più vaghe come le seguenti come esempi:

Rita e Ulfert Brauer, persone estremamente ricche, si sono recentemente trasferiti dalla città alla campagna con il figlio Heiner. I tuoi vicini.

La coppia Diekmann Heiko (operaia) e Gesine (casalinga) vive un'esistenza "semplice" nonostante viva in pessime condizioni; anche se devono fare sacrifici qua e là per sopravvivere; eppure rimanere sani e contenti della vita. Rita (estetista) e Ulfert (redattore capo) fanno sentire quotidianamente la loro presenza ai vicini come prova della loro superiorità. Segue una discussione tra le famiglie quando Marion Diekmann torna a casa dall'Alabama. Come ragazza alla pari in Germania per un anno, al suo ritorno ha scioccato tutti - inizialmente con disappunto di tutti - presentando Jonny, uno studente di medicina africano! Questo si è rivelato troppo per la coppia Brauer. Entrambe le famiglie stanno ora cercando di rendersi la vita difficile a vicenda attraverso brutti intrighi e attacchi, che portano ad accordi giudiziari; alla fine fu installata un'alta recinzione tra le loro proprietà per separarle ulteriormente. Quando Gesine attacca nuovamente Ulfert, Ulfert viene colpito da un infarto, ma solo Jonny può salvargli la vita...

Dal punto di vista dei contenuti, la trama della storia è abbastanza chiara. Al centro ci sono due famiglie molto diverse e vediamo le loro differenze sia dal punto di vista caratteriale che finanziario. Questo è esattamente ciò che ho cercato di rappresentare nel mio titolo, quindi qui troverai tutto.
Per gli spettatori, due contrasti molto netti sono evidenziati qui dal mio titolo; che può essere approssimativamente tradotto come: "Mettwurst Pane e Caviale". Nessun attore mangerà direttamente nessuno dei due elementi; questa distinzione tra loro esiste solo attraverso i loro titoli.
Menno e Mathilde Gruben tornano da una vacanza di 4 settimane in Egitto con i loro due figli Henning e Anette in trepidante attesa delle celebrazioni pasquali; ma invece scoprono che al loro ritorno nella loro cassetta della posta è arrivata una pila di solleciti da parte delle società di servizi pubblici e la chiamata alla banca conferma uno scoperto di 30.000 euro; a questo errore potrebbe aver contribuito una prenotazione errata, per questo i dipendenti della banca sono ansiosi di risolvere il problema non appena rientrano dalle vacanze.

In questa commedia, una famiglia è sfidata a vivere in modo autosufficiente per una settimana senza nemmeno volerlo. Allora quale potrebbe essere il titolo di questo pezzo?
"Robinson Crusoe ti manda i suoi saluti". Si adatta, vero?!
E un ultimo esempio:
Contenuto: Nico e Silvia Schroder festeggiano il loro primo anniversario di matrimonio. Nico è felice che sua moglie non lo abbia lasciato, anche se è disoccupato da un anno intero e Silvia deve guadagnare il mantenimento di entrambi. Nico legge sul suo quotidiano un'interessante offerta di lavoro da parte di un'azienda di caffè, si candida rapidamente per telefono e viene subito accettato per un lavoro. Ma invece di ricevere i campioni di caffè promessi, qualche giorno dopo arrivano inaspettatamente a casa sua riviste erotiche, lasciando Nico perplesso su come spiegare questa discrepanza. Silvia è furiosa con Nico; crede che abbia bisogno di un sostituto a causa

della sua gravidanza. Le cose peggiorano solo quando anche sua suocera si trasferisce, avendo seri problemi con lui. Nico pensa che tutto sia stato risolto finché non si presenta ERO; poi tutto diventa di nuovo poco chiaro.

Questo titolo unisce le lettere iniziali di due aziende coinvolte in questo pezzo - un'esclusiva oasi romantica e il caffè Timann - in un'unica parola per formare "ERO-TI-KA". Dato che il sesso è al centro di questa commedia, questo titolo ha perfettamente senso.
Ingo Sax ha scritto un'opera estremamente intelligente su una giovane donna che soffre di mutismo, l'incapacità di comunicare o stabilire un contatto. Chiamata "Amanita", la sua attrice protagonista Celia è diventata famosa grazie a questo ruolo in questa produzione a quattro di Ingo Sax - quindi date un'occhiata e presto capirete perché l'autore ha scelto quel nome! Grazie a Ingo Sax per la sua incredibile impresa!

Non pensare troppo alla decisione su un titolo; "La locanda dell'ancora d'oro", "Jubilaum", "La stella di Padova" e "I fratelli del contrabbando", tra molte altre opere popolari e spesso pluripremiate, hanno titoli che si riferiscono semplicemente al luogo in cui ha avuto luogo un evento o descrivono cosa lo ha fatto funzionare - è perfettamente accettabile!
Ma alcune opere teatrali hanno anche titoli noiosi. Un pezzo che conosco chiamato semplicemente "Teatro" lascia poco spazio all'immaginazione o alla creatività se si considera la sua drammaturgia o il contenuto.
Una volta completato il tuo lavoro, o mentre lo scrivi, determinarne il nome può risultare naturale; ma vorrei concludere la discussione sulla scelta del titolo delineando alcune opzioni a nostra disposizione quando ne consideriamo uno per la tua opera.
Immagina questo: a volte, quando parlo con gli amici, escono parole o frasi casuali che potrebbero diventare ottimi titoli per poesie o romanzi.

Considera questo. Quando leggiamo o ascoltiamo titoli come questi, emerge qualcosa di completamente nuovo. Non iniziamo più formulando un'idea e una trama prima di assegnare un titolo in seguito (il modo in cui la maggior parte delle opere progredisce); piuttosto ora iniziamo dal titolo stesso, quindi creiamo la nostra storia attorno a quell'idea da lì! Quando vedo questi titoli penso subito a 100 cose che potrebbero coprire, non è così anche per te?
Sentiti libero di provare anche questa variante, ma evita di usare i titoli che ho scritto qui poiché ho intenzione di incorporarli nei miei scritti nei prossimi mesi.

Quando si scrive, è necessario considerare tutti i possibili risultati dei propri sforzi di scrittura. Un romanziere scrive il suo libro per i lettori che possono acquistarlo nelle librerie: qui sono coinvolti anche editori e tipografi; per le opere teatrali e quelle destinate ad essere rappresentate, i gruppi teatrali probabilmente le eseguirebbero e il loro manoscritto non verrebbe mai acquistato da nessuna parte, né letto molto facilmente in ogni caso: questi fattori devono essere tutti presi in considerazione quando si scrive la loro opera teatrale o il loro romanzo.

Una volta che la tua opera è terminata e ti senti orgoglioso di presentarla per la pubblicazione, sottoponila a uno o più editori perché venga presa in considerazione. Suggerisco di iniziare scegliendone solo uno che sembra adatto; anche se le revisioni possono richiedere del tempo, di solito includono suggerimenti per rivedere alcune parti del tuo pezzo o critiche di alcune scene da parte degli editori; alla fine gli editori rimandano i manoscritti non appena diventano disponibili.

La tua richiesta non è stata presa in considerazione dalla nostra attenzione - grazie mille". Sfortunatamente, lettere di rifiuto come questa non forniscono dettagli sul motivo per cui una cosa del genere non è più un'opzione per loro. Non perdere subito la speranza se ciò accade; prendi cuore! Il ripudio da parte degli editori teatrali non indica che il tuo lavoro è terribile. Prenditi il tuo tempo per rileggerlo attentamente mentre ti metti come spettatore che guarda sul palco; sperimenta ciò che stai sperimentando in prima persona come membro del pubblico mentre lo leggi e sperimenta il suo pieno impatto prima di rivederlo a fondo prima di riproporlo ad altri editori teatrali. Ma voglio anche essere completamente sincero: se il tuo lavoro viene rifiutato senza alcuna spiegazione o commento da parte di un editore, ciò deve significare che era davvero pessimo - perché ogni editore. si impegna molto nello spiegare cosa non gli piace quando nel complesso sembra buono. Le critiche da parte degli editori rendono la revisione e la modifica molto più semplici, quindi se dicono che non ce n'è bisogno, accetta semplicemente la loro risposta e vai avanti con quello che stavi scrivendo; Se qualcuno dice che non è necessaria una revisione, non chiedere perché; l'editore lo sa meglio. Se ciò accade con più editori, alla fine dovrai fare i conti con il fatto che ciò che hai scritto potrebbe non essere di qualità particolarmente elevata; forse scrivere semplicemente non è il tuo forte o semplicemente non ti si addice come forma d'arte. Ad un certo punto del tuo percorso di scrittura, è importante essere onesto con te stesso e riconoscere questo fatto. Anche se potremmo speculare su altri talenti inesplorati che si trovano al di fuori della scrittura stessa, il punto qui non è questo - piuttosto, che tu creda di poterlo e vuoi provarci!

Non importa se si tratta di commedia, dramma, farsa, romanzo poliziesco, commedia in più atti o semplicemente breve sketch - scrivere in tedesco standard o in un dialetto dipende interamente da te - resta il fatto: il tuo pezzo deve prima convincere un editore presso il tuo editore scelto che il tuo lavoro sia coerente senza errori e abbia una trama "avvincente"; non perde il filo ed è giocabile e adatto a loro oltre a fornire palcoscenici dove necessario.

La tua opera deve rivolgersi a coloro che la rappresenteranno; altrimenti nessun editore lo firmerebbe e rimarrà per anni a prendere polvere senza interesse dal palco - e questa è l'ultima cosa che vuoi!

Supponiamo che tu riceva posta dal tuo editore e scopri che il suo editore ha esaminato il tuo pezzo e fornito feedback sulle modifiche necessarie. Ma forse hanno anche menzionato ciò che deve essere modificato in modo che si adatti al loro programma esattamente come lo hai inviato.

Come risponderesti? - Posso immaginarlo: leggere le battute e le critiche di un editore che non conosci bene può spesso essere molto diretto, provocando shock, offesa e rabbia. "Il pezzo è fantastico: cosa stava pensando?"... Tutte queste frasi potrebbero diventare problemi per te poiché trovare un editore per un primo romanzo è spesso una sfida.

Smettila di pensare così e di offenderti. Un editore non è Dio - offre solo la sua opinione - tuttavia dovresti rispettare la sua conoscenza del suo lavoro e accettare qualsiasi critica rivolta al tuo pezzo. Sii ragionevole con te stesso quando accetti le critiche, soprattutto riguardo ai punti specifici che sono stati criticati. Fai ciò che l'editore consiglia nonostante le tue obiezioni: col tempo ne riconoscerai la saggezza!

Il mio quarantasettesimo pezzo "Welcome to Chez Andre", scritto in collaborazione con Christoph Bredau e presentato a due editori per l'esame, è stato rifiutato perché troppo rischioso. Quando abbiamo letto la loro lettera siamo rimasti sbalorditi: il contenuto di questo pezzo può essere visto qui:

Andre Lambrecht e Frank Wattenfall hanno entrambi perso tutto in borsa e sono attualmente disoccupati e affittano insieme un appartamento di 2 stanze per mantenere bassi i costi. Purtroppo non si sono ancora presentate opportunità di lavoro, quindi hanno già saldato i pagamenti dell'affitto.

La loro padrona di casa Elfriede Krause lancia un ultimatum di una settimana per trovare lavoro o pagare l'affitto; altrimenti li vuole fuori. Andre ha un'idea ispirata. Insieme iniziano ad offrire servizi di accompagnamento e accompagnamento per donne presso "Welcome to Chez Andre"; accettato rapidamente dalle donne in cerca di compagnia, pasti o massaggi da loro; ma le cose degenerano rapidamente oltre ogni aspettativa mentre la padrona di casa Elfriede Krause e Tina fanno tutto il possibile per fermare questa attività, ma l'amore continua tra loro...

Qui, il mestiere più antico è rappresentato in modo piuttosto umoristico con i suoi ruoli tradizionali invertiti, mostrando fino a che punto le persone sono disposte a fare soldi oggi, e allo stesso tempo mostrando che le donne sono molto disposte a pagare soldi solo per trascorrere del tempo di qualità con gli uomini. La nostra impressione è che questo entri nella pelle degli uomini, come dimostra uno che si innamora di una cliente perché non sopporta più di ricevere un pagamento da lei, mostrando un comportamento molto umano sul palco e offrendo allo stesso tempo un grande intrattenimento drammaturgico. Inoltre, molte scene erano piuttosto intense! Tuttavia, dovevamo "disinnescare" tutte le scene che andavano troppo oltre per gli editori; e un editore ha incluso questa versione rivista nel proprio programma. Anche se abbiamo trovato deludente che il nostro pezzo originale non sia stato accettato, a volte gli editori leggono solo in base al loro umore! Detto questo bisogna affrontarlo.

Supponiamo che tu riceva una lettera del genere da un editore.
Quindi torni al lavoro - non infastidito dalla lettera del tuo editore, ma pieno di energia e ottimismo per creare qualcosa di molto più grande - forse mentre apporti modifiche scopri che è migliorato notevolmente; o forse riesci a riconoscere più chiaramente dove sono stati commessi errori in precedenza.
Metti da parte due ore per la revisione; il tuo editore ha letto il tuo manoscritto e potrebbe aver segnalato errori; pertanto dovresti inviarlo una seconda volta solo quando ogni singolo punto critico sarà stato risolto.

Ora rendiamo le cose ancora migliori: immagina di ricevere la notizia che la tua opera verrà pubblicata per la prima volta in assoluto: che sensazione incredibile deve essere. Almeno hai superato un ostacolo immenso e sei arrivato fin qui. È considerato un successo? Assolutamente sì, quindi datti il permesso di sentirti orgoglioso di ciò che è già stato realizzato qui.
Una volta che la tua opera è stata pubblicata, non puoi fare molto altro che firmare un contratto con un editore (tratterò i contratti in modo più approfondito nel Capitolo 12) e sperare che offra il tuo lavoro attraverso cataloghi inviati direttamente ai gruppi teatrali ogni anno o tramite piattaforme di pubblicazione online come i siti web degli editori.
Adesso arriva la prossima sfida: raggiungere i gruppi teatrali con il tuo pezzo. I gruppi di gioco spesso ordinano la visione di programmi dagli editori; non sarebbe fantastico se i registi dei giochi trovassero il tuo lavoro abbastanza interessante da spingere molti

cinema a ordinare la visione di programmi dal tuo editore? Sfortunatamente, capisco la tua frustrazione; sfortunatamente non saprai in quali fasi hai visualizzato il tuo pezzo; generalmente (a seconda dell'editore) solo dopo aver selezionato il tuo lavoro scoprirai dettagli come l'ubicazione del gruppo di performance e le date delle rappresentazioni.

Quando il tuo pezzo viene eseguito per la prima volta, lo chiamiamo esecuzione inaugurale o prima; e spesso tu, come autore, sei invitato a partecipare a questa occasione storica e importante. E non dovresti rifiutare un'offerta del genere! Vedere i tuoi personaggi, la tua storia e il tuo concetto prendere vita davanti ai tuoi occhi è davvero emozionante; mi creda; Lo so per esperienza. Forse il gruppo non esegue il tuo pezzo come previsto, ma qualunque sia il risultato può solo aggiungere più drammaticità per tutte le parti coinvolte!

Anche tu sei emozionato? Tuttavia, se il gruppo riferisce che le prove sono state divertenti e che si è divertito a mettere in scena lo spettacolo; se le critiche della stampa sono positive e il numero del pubblico corrisponde, allora il tuo pezzo potrà andare avanti come previsto e considerarlo un tuo successo personale.

Sfoglia qualsiasi libreria di romanzi e ti renderai presto conto che ci sono numerosi editori disponibili; sfortunatamente i drammaturghi non hanno così tante scelte a disposizione. Ma ci sono editori teatrali che pubblicano le nostre opere a condizioni molto ragionevoli, e alcuni addirittura lo fanno eccezionalmente bene. Penso che costruire rapporti con gli editori di queste case editrici sia fondamentale. Inizialmente, è consigliabile consultare gli editori disponibili online e determinare quale(i) potrebbe adattarsi meglio al tuo pezzo. Dato che fin dall'inizio scrivevo pezzi dialettali e in basso tedesco, Mahnke Verlag a Verden offriva la più ampia selezione di spettacoli teatrali in basso tedesco (www.Mahnke-Verlag.de). Alcuni dei miei pezzi si possono trovare ancora lì oggi!

Ma ci sono anche editori specializzati in opere in basso tedesco e in dialetti; dal 2008 la maggior parte dei miei lavori sono stati pubblicati dalla Plausus Theaterverlag di Bonn (www.Plausus.de) sia nella versione in basso che in alto tedesco.

Cercando su Internet gli editori se ne troveranno molti altri, come la casa editrice Reinehr a Muhltal (www.Reinehr.de), l'ufficio vendite e la casa editrice dei drammaturghi tedeschi Norderstedt (vertriebsstelle.de) o la casa editrice teatrale Rieder Wemding (Theaterverlag-Rieder .de) tra molti altri. Tuttavia, alcuni editori sono specializzati in determinate aree come opere teatrali o drammi per bambini, ecc.

Non posso dirti quale editore funzionerà meglio per te; tutto quello che posso dire è che ormai da anni mi piace lavorare a stretto contatto con Plausus-Verlag a Bonn e Mahnke-Verlag a Verden.

Ma avevo avuto anche delle esperienze negative.

A cosa dovresti considerare e a cosa dare priorità nella creazione di una casa editrice teatrale? Inizialmente un bambino di otto anni ha condotto una controversia legale. Quali sono allora i fattori essenziali per prendere decisioni sulla proprietà delle case editrici teatrali?

Come autore, è importante creare forti legami con il tuo editore e i dipendenti dell'editore; eventuali gruppi teatrali non dovrebbero presentare reclami nei confronti del tuo editore. La tua opera viene poi trasferita all'editore, che deve offrirla in modo equo e trattare i gruppi teatrali in modo equo ed equo. Se un gruppo teatrale esprime critiche contro il tuo editore per il modo in cui è stata pubblicata la tua opera teatrale,

prendi provvedimenti per affrontarlo immediatamente. Se il tuo lavoro non è stato accettato dagli stage per diversi anni a causa di problemi di qualità; tuttavia, se gli errori risiedono in loro piuttosto che in te, sentiti libero di esprimerlo.
I siti web degli editori parlano molto del loro lavoro. Sebbene destinati principalmente ai gruppi teatrali, gli autori dovrebbero anche trovare pagine teatrali facilmente comprensibili da sfogliare con piacere.
Per favore, prenditi il tuo tempo per navigare nei siti web; solo la pagina principale può spesso rivelare molto sul suo editore.

Se trovo scioccante la pagina di apertura di una casa editrice con solo regolamenti di esecuzione, ciò la dice lunga sul suo proprietario e probabilmente indica sentimenti negativi nei confronti di questa casa editrice; Non mi aspetto che anche tu trovi attraenti questi editori; quindi è meglio evitare tali editori.

Se hai difficoltà a scegliere con quale editore rivolgerti e hai difficoltà a prendere una decisione online, da solo non è sufficiente, chiama direttamente l'editore e chiedi se prenderebbero in considerazione la pubblicazione del tuo lavoro per telefono. In questo modo si dà un'altra impressione; se c'è qualcuno poco professionale e scortese dall'altra parte della linea, valuta se vorresti che ti trattassero in quel modo nei rapporti futuri (ho incontrato persone che si descrivono come redattori di editori teatrali ma scrivevano "premiere" con un " a". Credimi, non era nemmeno una bugia!).

Scopri se un editore è appropriato per il tuo manoscritto visitando il suo sito Web e cercando nel database dei libri da pubblicare. Ad esempio, se hai scritto qualcosa in basso tedesco Mahnke, Plausus o VVB sarebbero probabilmente le tue migliori opzioni; ma sii paziente poiché questo processo potrebbe richiedere del tempo prima che arrivi una risposta da parte loro. Tuttavia, alcuni editori confermeranno la ricezione del tuo lavoro tramite posta; altri potrebbero contattarti telefonicamente o via e-mail; ma se dopo diversi mesi non arrivasse alcuna conferma, chiederei indietro il mio manoscritto. Gli editori teatrali sembrano affermare di ricevere molti manoscritti ogni giorno senza abbastanza tempo per una risposta o una replica. (Altri editori potrebbero affermare il contrario.) Se conosci altri drammaturghi, scopri con quali editori lavorano; in generale ti impegni con un solo editore quando pubblichi un pezzo; i pezzi successivi possono sempre essere offerti altrove, se lo si desidera.

Una volta trovato un editore e il tuo manoscritto avrà suscitato interesse, verrà redatto un contratto che entrambe le parti dovranno firmare. Ogni contratto può variare leggermente.

Da non preoccuparsi! I singoli editori non se ne accorgeranno. Ciò che conta di più è definire i diritti e gli obblighi degli autori e degli editori; oltre a discutere le finanze e la durata.

In qualità di autore è giusto che tu conceda all'editore i diritti necessari per la registrazione alla radio e alla TV, la realizzazione di un film e la traduzione in altre lingue. Ma tu rimani il creatore originale, semplicemente cedendo i diritti d'uso. Se qualcosa nel contratto non incontra la tua approvazione, semplicemente avvisalo e discuti le possibili modifiche - forse un paragrafo o un regolamento potrebbe cambiare di conseguenza!

Naturalmente la divisione dei diritti d'autore è parte integrante di qualsiasi contratto e di solito l'autore riceve il 70% e l'editore il 30%.
I diritti di durata e di risoluzione possono essere un argomento di discussione arduo nei contratti, tuttavia mi assicuro sempre che includano dettagli chiari sulla durata e sui diritti di annullamento (ad esempio ogni 31 dicembre con un periodo di preavviso di 3 mesi e rinnovo automatico se non annullato).
Attenzione però: se nel contratto non è indicata la durata e si menziona solo il periodo di protezione legale, ciò non significa altro che che il vostro manoscritto è protetto dal diritto d'autore - in altre parole, fino a dopo la vostra morte (70 anni dopo la morte!). Io consiglio di firmare solo contratti che durano dai 3 ai 5 anni con rinnovo automatico ogni anno successivo - anche se la disdetta avviene dopo 5 anni dovrebbe essere accettata, piuttosto che sottoporsi ad impegni fino alla fine della vita!

Assicurati di fornire dettagli riguardanti la durata del contratto!

Quando cercavo un editore per il mio primo lavoro nel 1990, ho firmato il mio contratto senza fornire date o scadenze affinché i leader del gruppo di performance accettassero i miei pezzi, firmando dopo che ognuno di essi era stato rifiutato completamente da questo editore. Se ciò accade di nuovo e i leader del gruppo di prestazione ti contattano e si rifiutano di eseguirli a causa di questi contratti - come è successo nel mio caso - allora le tue mani saranno completamente legate da loro e questo errore ti costringerà a combattere il tuo avvocato per 8 anni per uscire. . Finalmente il 1 aprile 2008 avevamo finalmente vinto e siamo usciti. Ci sono voluti sia forza che nervi.

Fatevi furbi: fate la scelta di un editore "eccellente"!!!

Ti sei mai chiesto quanto reddito genera una carriera di drammaturgo? Bene, ecco la tua occasione per scoprire questa risposta onestamente: proprio come i soldati o gli operai ricevono uno stipendio, i drammaturghi ricevono royalties attraverso gli editori che hanno pubblicato il tuo pezzo.

Il denaro diventerà pagabile solo una volta che la tua opera sarà stata rappresentata da un gruppo teatrale e questi avrà saldato i conti con l'editore al termine della stagione. Quanto a quando e quanto presto arriveranno questi soldi: potrebbe volerci del tempo. Alcuni editori saldano i conti con gli autori immediatamente dopo l'accordo con i gruppi teatrali, mentre altri inviano dichiarazioni sulle royalty trimestralmente, mentre altri addirittura inviano dichiarazioni annuali se necessario.

Come viene calcolato? Ogni spettatore che assiste al tuo spettacolo deve pagare una quota di ammissione. Come saprà chiunque visiti regolarmente il teatro professionale o amatoriale, i gruppi variano considerevolmente in termini di frequenza degli spettacoli, dimensioni degli auditorium utilizzati e prezzi di ingresso addebitati per posto. Conosco gruppi che mostrano solo 3 spettacoli in sale che ospitano 100 spettatori per 4 euro l'uno mentre gli altri eseguono 40 spettacoli in diverse settimane che ospitano 350 ospiti per circa 12 euro ciascuno! E così il processo continua senza punto finale!

1. Immagina un gruppo teatrale che rappresenta la tua opera cinque volte per un biglietto d'ingresso di cinque euro per spettatore e che ogni volta sia completamente esaurito; con un reddito totale di 2500 euro solo da questa performance e il 10% o 250 euro vanno all'editore; di questa somma il 70% ritornerebbe a voi oppure 175 euro ritornerebbero direttamente nelle vostre tasche come pagamento da parte di questo gruppo.

Perché ho scritto "sarebbe"? Ebbene, gli editori in genere stabiliscono una tariffa minima per performance che deve essere pagata se il reddito scende al di sotto di determinati importi, di solito intorno ai 70 euro nel nostro primo esempio. In questo caso questo gruppo non raggiungerebbe questa soglia minima e dovrebbe quindi pagare 70 euro non raggiungendo la tariffa minima per prestazione; ciò significa che 350 euro torneranno direttamente nelle casse dell'editore mentre 70 euro di questi ti valgono 245 euro (70/20= 245)

Sento molti gruppi teatrali lamentarsi di questa regolamentazione; Soprattutto i palcoscenici "piccoli" tendono a trovarlo molto inquietante. Eppure gli editori impongono costi elevati senza questo accordo e troverebbero quasi impossibile

sopravvivere senza questo quadro; quindi a sua volta questo avvantaggia anche noi autori. Mi creda; senza questo regolamento tutti i palcoscenici pagherebbero probabilmente solo 30 o 40 euro per spettacolo!
Non credo che gli stadi debbano lamentarsi. Non importa quanti soldi vengono portati, il 90% finisce comunque per restare con il proprio gruppo! Sembra giusto!
2. Esempio: supponiamo che il tuo teatro possa ospitare 1000 persone. Il biglietto d'ingresso a persona era di 12 euro in 16 date diverse in cui si è svolta la tua esibizione; il totale sarebbe di 12.454 spettatori a guardarlo.

Suona bene? Beh, lo vorrei! Sfortunatamente non ho mai ricevuto una somma del genere da un gruppo, ma il mio obiettivo qui è semplicemente quello di illustrare come la fatturazione può variare da una fase all'altra: potresti ricevere fino a 70 euro da uno e quasi 1000 da un altro!

Se pubblichi un articolo scritto in alto tedesco e incarichi un traduttore di tradurlo in basso tedesco o in un'altra lingua, ovviamente dovrebbero ricevere delle royalties; dopo tutto, hanno fatto molto lavoro per tradurlo. La loro quota è generalmente pari al 20%.

Spero che tu ti senta soddisfatto, poiché ora sai approssimativamente quale potrebbe essere il tuo potenziale di guadagno quando effettui giocate.

Avevo già completato 40 spettacoli in più atti quando Elke Siemers venne a trovarmi circa tre anni fa per parlare di nuovo della sua vita. È una straordinaria infermiera pediatrica e insegnante di teatro che racconta storie in un modo così coinvolgente e unico che dovrebbe sempre essere catturato su pellicola. Ascoltare le sue storie è davvero delizioso; anni fa abbiamo capito che potevamo creare insieme storie incredibili. Sì, se lasciamo correre la nostra immaginazione per un'ora, un'opera completa può emergere quasi istantaneamente; purtroppo all'inizio solo nella nostra testa. Da allora molte idee sono state abbandonate rapidamente. Ad un certo punto mi è diventato evidente che aveva una storia così emozionante ed emotivamente carica da condividere, molte delle quali derivate dalla sua esperienza personale, che sapevo che avrebbe portato a qualcosa.

Ora ti starai chiedendo come funziona scrivere insieme: "scrivere insieme". Fino a quel momento avevo incontrato due approcci. Elke aveva già realizzato numerosi lavori: dipinti, spettacoli teatrali, scrittura di poesie e romanzi brevi, nonché opere teatrali; ci ha provato anche lei stessa! A quel punto Elke aveva dipinto molti quadri, scritto racconti di poesie, romanzi brevi ma rifiutava la scrittura in stile dialogo perché non era il suo forte - nelle sue parole.

Questa è stata la mia esperienza inaugurale di scrittura collaborativa. Nella primavera del 2008 abbiamo collaborato di nuovo, questa volta con Christoph Bredau come mio co-sceneggiatore.
Scrivere con Christoph è stato davvero unico. Ad un certo punto abbiamo cominciato a discutere di teatro e ci è venuta l'idea di una commedia in cui due giovani si offrivano come "prostituti". (Questa idea mi è venuta durante una delle mie precedenti sessioni di scrittura con Christoph.) Ho già scritto in precedenza un'altra sceneggiatura comica con questo concetto (vedere la sezione precedente per i dettagli.)
È stato affascinante che il titolo della mia opera teatrale mi sia venuto in mente prima ancora di scriverla: "Benvenuti a Chez Andre". Inizialmente avevamo pensato di intitolare lo spettacolo "Chez Roger", ma questo potrebbe aver presentato qualche difficoltà agli attori che lo interpretavano in quanto necessitava di essere ripetuto spesso sul palco. Poco prima della fine abbiamo cambiato Roger in Andre. Christoph è originario del Basso Reno e di professione fa l'infermiera; un appassionato appassionato di cinema, trasforma la sua casa in qualcosa di simile a un vero cinema! Pur essendo molto interessato al teatro come attività, anche se forse non predisposto

verso questa professione. Fin dall'inizio, sapeva che dovevamo co-scrivere questo pezzo insieme, il che significa sedersi insieme al computer mentre scriviamo e inventare la trama mentre digitiamo. All'inizio era uno stile di scrittura sconosciuto e poco familiare per me; a volte c'erano suggerimenti da parte del mio editore che non erano qualcosa con cui ero d'accordo, anche se a volte viceversa. Ogni tanto dovevo frenare il suo entusiasmo quando le sue idee andavano troppo oltre; ma in molte occasioni scrisse cose che non avrei mai potuto scrivere io stesso e che fossero brillanti e penetranti. Molte scene sono state migliorate solo grazie a questa collaborazione; e crediamo che dovremmo essere orgogliosi dei suoi risultati. In ogni caso siamo rimasti entrambi estremamente soddisfatti di "Chez Andre", e dopo averlo finito abbiamo deciso di non mollare e stiamo attualmente lavorando alla nostra seconda commedia: "Quattro mani per una mammella", che si spera sarà pronta entro l'autunno 2008.

Come si può vedere, ci sono vari approcci per scrivere musica con un'altra persona. Se scegli di comporre l'intero pezzo in coppia, tieni presente che di tanto in tanto nessuno dei partner cade vittima di lavorare sul proprio pezzo da solo poiché ciò potrebbe essere considerato ingiusto nei confronti di uno o entrambi i partner.
Preferisci scrivere insieme o da solo? Nessuno dei due dovrebbe rimandare di fare ciò che è meglio per loro - non scoraggerò di scrivere insieme, ma vorrei sottolineare che funziona altrettanto bene se fatto da soli - scriverò sicuramente il mio cinquantesimo lavoro da solista anche questa volta! Trova il tuo modo e il tuo stile quando ti avvicini alla scrittura insieme o da solo!

FINE

Le modifiche e il layout di questa versione stampata sono Copyright © 2024
di Natasha Tillett Slayton

www.ingramcontent.com/pod-product-compliance
Lightning Source LLC
Chambersburg PA
CBHW060126120726
48003CB00009B/2788